Themenheft Zentralabitur

Heinrich von Kleist
Texte und Materialien

Wolfgang Pütz

Ernst Klett Verlag
Stuttgart · Leipzig

Bildquellen:

Cover, vorn 1: Avenue Images GmbH (Sigrid Olsson), Hamburg; Cover; **vorn 2:** Masterfile Deutschland GmbH (Raymond Forbes), Düsseldorf; Cover, **Mitte:** Masterfile Deutschland GmbH (Marie Blum), Düsseldorf; **Cover, Rücken 1:** Avenue Images GmbH (Sigrid Olsson), Hamburg; Cover; **Rücken 2:** Masterfile Deutschland GmbH (Raymond Forbes), Düsseldorf; Umschlag hinten li.: **Masterfile Deutschland GmbH (Raymond Forbes), Düsseldorf;** **S. 7 li.**: Corbis (Chen Xie/XinHua/Xinhua Press), Düsseldorf; **S 7. re.**: laif (Antonello Nusca/Polaris), Köln; **S. 16 o.:** Artothek, Weilheim; **S. 16. u.:** Artothek (Blauel, Joachim), Weilheim; **S. 19:** BPK (SBB), Berlin; **S. 24 o.:** AKG, Berlin; **S. 24 u.:** AKG (Science Photo Libra), Berlin; **S. 26:** Interfoto (Mary Evans), München; **S. 36 m.:** AKG (Erich Lessing), Berlin; **S. 36 o.:** Bridgeman Art Library Ltd., Berlin; **S. 36 u.:** AKG, Berlin; **S. 37:** AKG, Berlin; **S. 45:** AKG, Berlin; **S. 46 li.:** AKG, Berlin; **S. 46 re.:** AKG, Berlin; **S. 47 li.:** AKG, Berlin; **S. 47 re.:** AKG, Berlin; **S. 57:** Ullstein Bild GmbH (histopics), Berlin; **S. 60:** AKG, Berlin; **S. 73:** BPK (Kupferstichkabinett, SMB/Jörg P. Anders), Berlin; **S. 74 o.:** AKG (Erich Lessing), Berlin; **S. 74 u.:** AKG, Berlin; **S. 75:** BPK (Hermann Buresch), Berlin

1. Auflage 1 5 4 3 2 1 | 13 12 11 10 09

Alle Drucke dieser Auflage sind unverändert und können im Unterricht nebeneinander verwendet werden.
Die letzte Zahl bezeichnet das Jahr des Druckes.

Autor: Wolfgang Pütz, Köln
Redaktion: Ursula Schwarz
Herstellung: Carina Riehl

Umschlaggestaltung und Layout: one pm, Petra Michel, Stuttgart
Satz: Köhler & Köhler, Taucha
Reproduktion: Meyle & Müller Medienmanagement, Pforzheim
Druck: Druckhaus Götz GmbH, Ludwigsburg

Printed in Germany
ISBN 978-3-12-347494-1

9 783123 474941

Vorwort

Mit Heinrich von Kleist begegnen Sie einem außergewöhnlichen und einzigartigen Schriftsteller, dessen Werke zu den bedeutendsten, aber auch zu den anspruchsvollsten der deutschsprachigen Literatur gehören.
Das Themenheft möchte Sie bei dieser Begegnung unterstützen, indem es Ihnen nicht nur wichtige Primärtexte präsentiert, sondern auch zahlreiche Materialien zur Kontextuierung und Interpretation der Kleist'schen Werke bietet.

Das Heft umfasst dabei vier Kapitel, die jeweils einen zentralen thematischen Schwerpunkt aus den Vorgaben zum niedersächsischen Zentralabitur behandeln.

Der Einstieg in das jeweilige Kapitel erfolgt über den sogenannten **Problemhorizont**, der eine erste Orientierung über den thematischen Schwerpunkt, um den es im Kapitel geht, bietet. Es werden Basisinformationen gegeben und/oder richtungsweisende Fragestellungen aufgezeigt. Es folgen dann **Aufgaben zur Selbsteinschätzung**, die unmittelbar in die Kernproblematik des Kapitels einführen bzw. Vorwissen abrufen.

Die Abfolge der Materialien und die Aufgabenstellungen sind so gewählt, dass Sie am Ende des Kapitels die dort beschriebenen **Kompetenzanforderungen (Was Sie wissen müssen / Was Sie können müssen)** erfüllen können. Die Kompetenzbeschreibungen orientieren sich dabei an den Anforderungen der EPA (= Einheitliche Prüfungsanforderungen in der Abiturprüfung Deutsch) und den Kompetenzbeschreibungen des niedersächsischen Kerncurriculums für die Oberstufe.

Zur Kontrolle Ihrer Arbeitsergebnisse können Sie die Lösungen unter dem Online-Link abrufen.

Online-Link
· Lösungen
347494-9000

Viel Erfolg bei der Arbeit mit unserem Heft!

Inhalt

„Glücklich, glücklich, möchte ich gern werden ..." – Heinrich von Kleist: Briefe

„Seitdem wir von dem Baum der Erkenntnis gegessen ..." – Heinrich von Kleist: Über das Marionettentheater

„Das Weltgericht kann nicht entsetzlicher sein ...“ – Heinrich von Kleist: Das Erdbeben in Chili

Problemhorizont

„Das Erdbeben in Chili“

Wenn das spezifische Merkmal literarischer Texte darin zu sehen ist, dass sie im Gegensatz zu sogenannten Sachtexten mehrdeutig sind und die Leser vor die Aufgabe stellen, den Sinn des Ganzen zu entschlüsseln, so trifft dies auf Kleists Erzählungen in ganz besonderer Weise zu. Die Widersprüchlichkeit und Rätselhaftigkeit seiner Geschichten setzen voraus, dass man bei der Analyse noch sorgfältiger als sonst vorgehen muss, um Deutungshypothesen begründen und belegen zu können. Der abrupte Wechsel von extrem grausamen und schönen Episoden, die Unterbrechung der Handlung durch eine Rückschau auf vorausgegangene Ereignisse, der komplizierte Satzbau und die ungewöhnliche Sprache erfordern volle Aufmerksamkeit und die Konzentration auf jedes Detail.

Durch die Beschäftigung mit dem Text lernen Sie dafür einen spektakulären Publikumserfolg der Literatur in der Wende vom 18. zum 19. Jahrhundert kennen. Sodann erhalten Sie mit dem „Erdbeben“ Einblick in die ersten Erschütterungen des Vernunftglaubens der Aufklärung in der Frühzeit des europäischen Bürgertums, dem Kleist in Bildern der Gewalt und des Leides die Überzeugung von der unaufhebbar zerstörerischen Macht der äußeren und inneren Natur des Menschen entgegenhält. Und vor allem bietet der Text Ihnen schließlich eine Basis zur Beschäftigung mit der existenziellen Frage nach dem Sinn einer Welt, in der die Sehnsucht nach Glück und Liebe unablässig von Kräften des Bösen unterlaufen wird.

Aufgabe zur Selbsteinschätzung

1. Notieren Sie, was Sie über Novellen, ihre Themen und ihren Aufbau wissen.
2. Informieren Sie sich über die Ursachen und die allgemeinen Folgen von Erdbeben. Notieren Sie stichwortartig die Ergebnisse Ihrer Recherche.

Ursachen von Erdbeben	Folgen von Erdbeben

Erdbebenopfer in China 2008

Erdbeben in Italien, Abruzzen, April 2009

Aufgabe

1. Präzisieren Sie – ausgehend von den Fotos – die konkreten Auswirkungen, welche Naturkatastrophen auf den einzelnen Menschen, auf eine dörfliche oder städtische Gemeinschaft und auf eine ganze Gesellschaft haben können.

2. Beziehen Sie den Zeitungstext mit ein. Wie wird ein Erdbeben häufig von den Betroffenen interpretiert?

Text

Aufg: Stelle parallelen her zwischen dem Inhalt des Textes und dem Verhalten der Überlebenden

Tief hinab

Die Angst vor dem Sturz in den Abgrund ist eine Urangst der abendländischen Kultur. Homer hat erzählt, wie der Göttervater Zeus seinen unbotmäßigen Sohn Hephaistos vom Olymp in die Tiefe schleuderte. Hesiod beschrieb, wie die Titanen in den Tartarus gestoßen wurden. Die Bibel machte den Höllensturz des abtrünnigen Engels zum zentralen Motiv der christlichen Apokalyptik. Jetzt, da in Italien die Wirklichkeit apokalyptisch geworden ist und sich der dunkle Schlund einer Naturkatastrophe aufgetan hat, kommt manchem Augenzeugen unwillkürlich der Gedanke an ein göttliches Strafgericht.

Um ihn zu verscheuchen, haben Kommentatoren des Erdbebens, das die Stadt L’Aquila in den Abruzzen heimsuchte, sofort begonnen, nach Schuldigen zu suchen – als hätte eine frühzeitige Warnung das Erdbeben verhindern können.

1 „Der Boden wankte unter seinen Füßen …" – einen epischen Text erschließen

Text

Heinrich von Kleist: Das Erdbeben in Chili

St. Jago = heute: Santiago de Chile

hämisch = gehässig, böswillig

In St. Jago, der Hauptstadt des Königreichs Chili, stand gerade in dem Augenblicke der großen Erderschütterung vom Jahre 1647, bei welcher viele tausend Menschen ihren Untergang fanden, ein junger, auf ein Verbrechen angeklagter Spanier, namens *Jeronimo Rugera*, an einem Pfeiler des Gefängnisses, in welches man ihn eingesperrt hatte, und wollte sich erhenken. *Don Henrico Asteron*, einer der reichsten Edelleute der Stadt, hatte ihn ungefähr ein Jahr zuvor aus seinem Hause, wo er als Lehrer angestellt war, entfernt, weil er sich mit *Donna Josephe*, seiner einzigen Tochter, in einem zärtlichen Einverständnis befunden hatte. Eine geheime Bestellung, die dem alten Don, nachdem er die Tochter nachdrücklich gewarnt hatte, durch die hämische Aufmerksamkeit seines stolzen Sohnes verraten worden war, entrüstete ihn dergestalt, dass er sie in dem Karmeliterkloster unsrer lieben Frauen vom Berge daselbst unterbrachte.

Karmeliter(innen) = strenger katholischer Bettelorden

Fronleichnam = katholisches Fest am 2. Donnerstag nach Pfingsten, bei dem eine geweihte Hostie in einer Prozession durch die Straßen getragen wird

Durch einen glücklichen Zufall hatte Jeronimo hier die Verbindung von neuem anzuknüpfen gewusst, und in einer verschwiegenen Nacht den Klostergarten zum Schauplatze seines vollen Glückes gemacht. Es war am Fronleichnamsfeste, und die feierliche Prozession der Nonnen, welchen die Novizen folgten, nahm eben ihren Anfang, als die unglückliche Josephe, bei dem Anklange der Glocken, in Mutterwehen auf den Stufen der Kathedrale niedersank.

Novize = Mönch oder Nonne in der Vorbereitungszeit vor dem endgültigen Eintritt in das Kloster

Äbtissin = Klostervorsteherin

Dieser Vorfall machte außerordentliches Aufsehn; man brachte die junge Sünderin, ohne Rücksicht auf ihren Zustand, sogleich in ein Gefängnis, und kaum war sie aus den Wochen erstanden, als ihr schon, auf Befehl des Erzbischofs, der geschärfteste Prozess gemacht ward. Man sprach in der Stadt mit einer so großen Erbitterung von diesem Skandal, und die Zungen fielen so scharf über das ganze Kloster her, in welchem er sich zugetragen hatte, dass weder die Fürbitte der Familie Asteron, noch auch sogar der Wunsch der Äbtissin selbst, welche das junge Mädchen wegen ihres sonst untadelhaften Betragens lieb gewonnen hatte, die Strenge, mit welcher das klösterliche Gesetz sie bedrohte, mildern konnte. Alles, was geschehen konnte, war, dass der Feuertod, zu dem sie verurteilt wurde, zur großen Entrüstung der Matronen und Jungfrauen von St. Jago, durch einen Machtspruch des Vizekönigs, in eine Enthauptung verwandelt ward.

Matrone = ältere verheiratete oder verwitwete Frau

Man vermietete in den Straßen, durch welche der Hinrichtungszug gehen sollte, die Fenster, man trug die Dächer der Häuser ab, und die frommen Töchter der Stadt luden ihre Freundinnen ein, um dem Schauspiele, das der göttlichen Rache gegeben wurde, an ihrer schwesterlichen Seite beizuwohnen.

Fittig = (Fittich) Flügel eines Vogels, hier als Metapher gebraucht

Jeronimo, der inzwischen auch in ein Gefängnis gesetzt worden war, wollte die Besinnung verlieren, als er diese ungeheure Wendung der Dinge erfuhr. Vergebens sann er auf Rettung: Überall, wohin ihn auch der Fittig der vermessensten Gedanken trug, stieß er auf Riegel und Mauern, und ein Versuch, die Gitterfenster zu durchfeilen, zog ihm, da er entdeckt ward, eine nur noch engere Einsperrung zu. Er warf sich vor dem Bildnisse der heiligen Mutter Gottes nieder, und betete mit unendlicher Inbrunst zu ihr, als der Einzigen, von der ihm jetzt noch Rettung kommen könnte.

Doch der gefürchtete Tag erschien, und mit ihm in seiner Brust die Überzeugung von der völligen Hoffnungslosigkeit seiner Lage. Die Glocken, welche Josephen zum Richterplatze begleiteten, ertönten, und Verzweiflung bemächtigte sich seiner Seele. Das Leben schien ihm verhasst, und er beschloss, sich durch einen Strick, den ihm der Zufall gelassen hatte, den Tod zu geben. Eben stand er, wie schon gesagt, an einem Wandpfeiler, und befestigte den Strick, der ihn dieser jammervollen Welt entreißen sollte, an eine Eisenklammer, die an dem Gesimse derselben eingefugt war; als plötzlich der größte Teil der Stadt, mit einem Gekrache, als ob das Firmament einstürzte, versank, und alles, was Leben atmete, unter seinen Trümmern begrub. Jeronimo Rugera war starr vor Entsetzen; und gleich als ob sein ganzes Bewusstsein zerschmettert worden wäre, hielt er sich jetzt an dem Pfeiler, an welchem er hatte sterben wollen, um nicht umzufallen. Der Boden wankte unter seinen Füßen, alle Wände des Gefängnisses rissen, der ganze Bau neigte sich, nach der Straße zu einzustürzen, und nur der, seinem langsamen Fall begegnende, Fall des gegenüberstehenden Gebäudes verhinderte, durch eine zufällige Wölbung, die gänzliche Zubodenstreckung desselben. Zitternd, mit sträubenden Haaren, und Knien, die unter ihm brechen wollten, glitt Jeronimo über den schiefgesenkten Fußboden hinweg, der Öffnung zu, die der Zusammenschlag beider Häuser in die vordere Wand des Gefängnisses eingerissen hatte.

Kaum befand er sich im Freien, als die ganze, schon erschütterte Straße auf eine zweite Bewegung der Erde völlig zusammenfiel. Besinnungslos, wie er sich aus diesem allgemeinen Verderben retten würde, eilte er, über Schutt und Gebälk hinweg, indessen der Tod von allen Seiten Angriff auf ihn machte, nach einem der nächsten Tore der Stadt.

Hier stürzte noch ein Haus zusammen, und jagte ihn, die Trümmer weit umherschleudernd, in eine Nebenstraße; hier leckte die Flamme schon, in Dampfwolken blitzend, aus allen Giebeln, und trieb ihn schreckenvoll in eine andere; hier wälzte sich, aus seinem Gestade gehoben, der Mapochofluss auf ihn heran, und riss ihn brüllend in eine dritte. Hier lag ein Haufen Erschlagener, hier ächzte noch eine Stimme unter dem Schutte, hier schrien Leute von brennenden Dächern herab, hier kämpften Menschen und Tiere mit den Wellen, hier war ein mutiger Retter bemüht, zu helfen; hier stand ein anderer, bleich wie der Tod, und streckte sprachlos zitternde Hände zum Himmel. Als Jeronimo das Tor erreicht, und einen Hügel jenseits desselben bestiegen hatte, sank er ohnmächtig auf demselben nieder.

Er mochte wohl eine Viertelstunde in der tiefsten Bewusstlosigkeit gelegen haben, als er endlich wieder erwachte, und sich, mit nach der Stadt gekehrtem Rücken, halb auf dem Erdboden erhob. Er befühlte sich Stirn und Brust, unwissend, was er aus seinem Zustande machen sollte, und ein unsägliches Wonnegefühl ergriff ihn, als ein Westwind, vom Meere her, sein wiederkehrendes Leben anwehte, und sein Auge sich nach allen Richtungen über die blühende Gegend von St. Jago hinwandte. Nur die verstörten Menschenhaufen, die sich überall blicken ließen, beklemmten sein Herz; er begriff nicht, was ihn und sie hierher geführt haben konnte, und erst, da er sich umkehrte, und die Stadt hinter sich versunken sah, erinnerte er sich des schrecklichen Augenblicks, den er erlebt hatte. Er senkte sich so tief, dass seine Stirn den Boden berührte, Gott für seine wunderbare Errettung zu danken; und gleich, als ob der eine entsetzliche Eindruck, der sich seinem Gemüt eingeprägt hatte, alle früheren daraus verdrängt hätte, weinte er vor Lust, dass er sich des lieblichen Lebens, voll bunter Erscheinungen, noch erfreue.

Drauf, als er eines Ringes an seiner Hand gewahrte, erinnerte er sich plötzlich auch Josephens; und mit ihr seines Gefängnisses, der Glocken, die er dort gehört hatte, und des Augenblicks, der dem Einsturze desselben vorangegangen war. Tiefe Schwermut erfüllte wieder seiner Brust; sein Gebet fing ihn zu reuen an, und fürchterlich schien ihm das Wesen, das über den Wolken waltet. Er mischte sich unter das Volk, das überall, mit Rettung des Eigentums beschäftigt, aus den Toren stürzte, und wagte schüchtern nach der Tochter Asterons, und ob die Hinrichtung an ihr vollzogen worden sei, zu fragen; doch niemand war, der ihm umständliche Auskunft gab. Eine Frau, die auf einem fast zur Erde gedrückten Nacken eine ungeheure Last von Gerätschaften und zwei Kinder, an der Brust hängend, trug, sagte im Vorbeigehen, als ob sie es selbst angesehen hätte: dass sie enthauptet worden sei. Jeronimo kehrte sich um; und da er, wenn er die Zeit berechnete, selbst an ihrer Vollendung nicht zweifeln konnte, so setzte er sich in einem einsamen Walde nieder, und überließ sich seinem vollen Schmerz. Er wünschte, dass die zerstörende Gewalt der Natur von neuem über ihn einbrechen möchte. Er begriff nicht, warum er dem Tode, den seine jammervolle Seele suchte, in jenen Augenblicken, da er ihm freiwillig von allen Seiten rettend erschien, entflohen sei. Er nahm sich fest vor, nicht zu wanken, wenn auch jetzt die Eichen entwurzelt werden, und ihre Wipfel über ihn zusammenstürzen sollten. Darauf nun, da er sich ausgeweint hatte, und ihm, mitten unter den heißesten Tränen, die Hoffnung wieder erschienen war, stand er auf, und durchstreifte nach allen Richtungen das Feld. Jeden Berggipfel, auf dem sich die Menschen versammelt hatten, besuchte er; auf allen Wegen, wo sich der Strom der Flucht noch bewegte, begegnete er ihnen; wo nur irgend ein weibliches Gewand im Winde flatterte, da trug ihn sein zitternder Fuß hin: doch keines deckte die geliebte Tochter Asterons. Die Sonne neigte sich, und mit ihr seine Hoffnung schon wieder zum Untergange, als er den Rand eines Felsen betrat, und sich ihm die Aussicht in ein weites, nur von wenigen Menschen besuchtes Tal eröffnete. Er durchlief, unschlüssig, was er tun sollte, die einzelnen Gruppen derselben und wollte sich schon wieder wenden, als er plötzlich an einer Quelle, die die Schlucht bewässerte, ein junges Weib erblickte, beschäftigt, ein Kind in seinen Fluten zu reinigen. Und das Herz hüpfte ihm bei diesem Anblick: er sprang voll Ahnung über die Gesteine herab, und rief: O Mutter Gottes, du Heilige! und erkannte Josephen, als sie sich bei dem Geräusche schüchtern umsah. Mit welcher Seligkeit umarmten sie sich, die Unglücklichen, die ein Wunder des Himmels gerettet hatte!

Josephe war, auf ihrem Gang zum Tode, dem Richtplatze schon ganz nahe gewesen, als durch den krachenden Einsturz der Gebäude plötzlich der ganze Hinrichtungszug auseinander gesprengt ward. Ihre ersten entsetzensvollen Schritte trugen sie hierauf dem nächsten Tore zu; doch die Besinnung kehrte ihr bald wieder, und sie wandte sich, um nach dem Kloster zu eilen, wo ihr kleiner, hülfloser Knabe zurückgeblieben war. Sie fand das ganze Kloster schon in Flammen, und die Äbtissin, die ihr in jenen Augenblicken, die ihre letzten sein sollten, Sorge für den Säugling angelobt hatte, schrie eben, vor den Pforten stehend, nach Hülfe, um ihn zu retten. Josephe stürzte sich, unerschrocken durch den Dampf, der ihr entgegenqualmte, in das von allen Seiten schon zusammenfallende Gebäude, und gleich, als ob alle Engel des Himmels sie umschirmten, trat sie mit ihm unbeschädigt wieder aus dem Portal hervor. Sie wollte der Äbtissin, welche die Hände über ihr Haupt zusammenschlug, eben in die Arme sinken, als diese, mit fast allen ihren Klosterfrauen, von einem herabfallenden Giebel des Hauses, auf eine schmähliche Art erschlagen ward. Josephe bebte bei diesem entsetzlichen Anblicke zurück; sie drückte der Äbtissin flüchtig die Augen zu, und floh, ganz von Schrecken erfüllt, den teuern Knaben, den ihr der Himmel wieder geschenkt hatte, dem Verderben zu entreißen.

Sie hatte noch wenig Schritte getan, als ihr auch schon die Leiche des Erzbischofs begegnete, die man soeben zerschmettert aus dem Schutt der Kathedrale hervorgezogen hatte. Der Palast des Vizekönigs war versunken, der Gerichtshof, in welchem ihr das Urteil gesprochen worden war, stand in Flammen, und an die Stelle, wo sich ihr väterliches Haus befunden hatte, war ein See getreten, und kochte rötliche Dämpfe aus. Josephe raffte alle ihre Kräfte zusammen, sich zu halten. Sie schritt, den Jammer von ihrer Brust entfernend, mutig mit ihrer Beute von Straße zu Straße, und war schon dem Tore nahe, als sie auch das Gefängnis, in welchem Jeronimo geseufzt hatte, in Trümmern sah. Bei diesem Anblicke wankte sie, und wollte besinnungslos an einer Ecke niedersinken; doch in demselben Augenblicke jagte sie der Sturz eines Gebäudes hinter ihr, das die Erschütterungen schon ganz aufgelöst hatte, durch das Entsetzen gestärkt, wieder auf; sie küsste das Kind, drückte sich die Tränen aus den Augen, und erreichte, nicht mehr auf die Gräuel, die sie umringten, achtend, das Tor. Als sie sich im Freien sah, schloss sie bald, dass nicht jeder, der ein zertrümmertes Gebäude bewohnt hatte, unter ihm notwendig müsse zerschmettert worden sein.

An dem nächsten Scheidewege stand sie still, und harrte, ob nicht einer, der ihr, nach dem kleinen Philipp, der liebste auf der Welt war, noch erscheinen würde. Sie ging, weil niemand kam, und das Gewühl der Menschen anwuchs, weiter, und kehrte sich wieder um, und harrte wieder; und schlich, viel Tränen vergießend, in ein dunkles, von Pinien beschattetes Tal, um seiner Seele, die sie entflohen glaubte, nachzubeten; und fand ihn hier, diesen Geliebten, im Tale, und Seligkeit, als ob es das Tal von Eden gewesen wäre.

Eden = im Alten Testament bezeichnet das Wort im ersten Buch des Mose (= Genesis) den Paradiesgarten und damit auch den Ort des Sündenfalls von Adam und Eva.

Dies alles erzählte sie jetzt voll Rührung dem Jeronimo, und reichte ihm, da sie vollendet hatte, den Knaben zum Küssen dar. – Jeronimo nahm ihn, hätschelte ihn in unsäglicher Vaterfreude, und verschloss ihm, da er das fremde Antlitz anweinte, mit Liebkosungen ohne Ende den Mund. Indessen war die schönste Nacht herabgestiegen, voll wundermilden Duftes, so silberglänzend und still, wie nur ein Dichter davon träumen mag. Überall, längs der Talquelle, hatten sich, im Schimmer des Mondscheins, Menschen niedergelassen, und bereiteten sich sanfte Lager von Moos und Laub, um von einem so qualvollen Tage auszuruhen. Und weil die Armen immer noch jammerten; dieser, dass er sein Haus, jener, dass er Weib und Kind, und der Dritte, dass er alles verloren habe: so schlichen Jeronimo und Josephe in ein dichtes Gebüsch, um durch das heimliche Gejauchz ihrer Seelen niemand zu betrüben. Sie fanden einen prachtvollen Granatapfelbaum, der seine Zweige, voll duftender Früchte, weit ausbreitete; und die Nachtigall flötete im Wipfel ihr wollüstiges Lied. Hier ließ sich Jeronimo am Stamme nieder, und Josephe in seinem, Philipp in Josephens Schoß, saßen sie, von seinem Mantel bedeckt, und ruhten. Der Baumschatten zog, mit seinen verstreuten Lichtern, über sie hinweg, und der Mond erblasste schon wieder vor der Morgenröte, ehe sie einschliefen. Denn Unendliches hatten sie zu schwatzen vom Klostergarten und den Gefängnissen, und was sie umeinander gelitten hätten; und waren sehr gerührt, wenn sie dachten, wie viel Elend über die Welt kommen musste, damit sie glücklich würden!

Sie beschlossen, sobald die Erderschütterungen aufgehört haben würden, nach La Conception zu gehen, wo Josephe eine vertraute Freundin hatte, sich mit einem kleinen Vorschuss, den sie von ihr zu erhalten hoffte, von dort nach Spanien einzuschiffen, wo Jeronimos mütterliche Verwandten wohnten, und daselbst ihr glückliches Leben zu beschließen. Hierauf, unter vielen Küssen, schliefen sie ein.

La Conception = eine wichtige Hafen- und Handelsstadt südlich von Santiago de Chile. Der Name bedeutet übersetzt ‚Empfängnis' und erinnert an die unbefleckte Empfängnis Marias.

Als sie erwachten, stand die Sonne schon hoch am Himmel, und sie bemerkten in ihrer Nähe mehrere Familien, beschäftigt, sich am Feuer ein kleines Morgenbrot zu bereiten. Jeronimo dachte eben auch, wie er Nahrung für die Seinigen herbeischaffen sollte, als ein junger wohlgekleideter Mann, mit einem Kinde auf dem Arm, zu Josephen trat, und sie mit Bescheidenheit fragte: ob sie diesem armen Wurme, dessen Mutter dort unter den Bäumen beschädigt liege, nicht auf kurze Zeit ihre Brust reichen wolle? Josephe war ein wenig verwirrt, als sie in ihm einen Bekannten erblickte; doch da er, indem er ihre Verwirrung falsch deutete, fortfuhr: es ist nur auf wenige Augenblicke, Donna Josephe, und dieses Kind hat, seit jener Stunde, die uns alle unglücklich gemacht hat, nichts genossen; so sagte sie: „Ich schwieg – aus einem andern Grunde, Don Fernando; in diesen schrecklichen Zeiten weigert sich niemand, von dem, was er besitzen mag, mitzuteilen": und nahm den kleinen Fremdling, indem sie ihr eigenes Kind dem Vater gab, und legte ihn an ihre Brust. Don Fernando war sehr dankbar für diese Güte, und fragte: ob sie sich nicht mit ihm zu jener Gesellschaft verfügen wollten, wo eben jetzt beim Feuer ein kleines Frühstück bereitet werde? Josephe antwortete, dass sie dies Anerbieten mit Vergnügen annehmen würde, und folgte ihm, da auch Jeronimo nichts einzuwenden hatte, zu seiner Familie, wo sie auf das innigste und zärtlichste von Don Fernandos beiden Schwägerinnen, die sie als sehr würdige junge Damen kannte, empfangen ward.

Donna Elvire, Don Fernandos Gemahlin, welche schwer an den Füßen verwundet auf der Erde lag, zog Josephen, da sie ihren abgehärmten Knaben an der Brust derselben sah, mit vieler Freundlichkeit zu sich nieder. Auch Don Pedro, sein Schwiegervater, der an der Schulter verwundet war, nickte ihr liebreich mit dem Haupte zu. –

abgehärmt = unterernährt, abgemagert

In Jeronimos und Josephens Brust regten sich Gedanken von seltsamer Art. Wenn sie sich mit so vieler Vertraulichkeit und Güte behandelt sahen, so wussten sie nicht, was sie von der Vergangenheit denken sollten, vom Richtplatze, von dem Gefängnisse, und der Glocke; und ob sie bloß davon geträumt hätten? Es war, als ob die Gemüter, seit dem fürchterlichen Schlage, der sie durchdröhnt hatte, alle versöhnt wären. Sie konnten in der Erinnerung gar nicht weiter, als bis auf ihn, zurückgehen. Nur Donna Elisabeth, welche bei einer Freundin, auf das Schauspiel des gestrigen Morgens, eingeladen worden war, die Einladung aber nicht angenommen hatte, ruhte zuweilen mit träumerischem Blicke auf Josephen; doch der Bericht, der über irgendein neues grässliches Unglück erstattet ward, riss ihre, der Gegenwart entflohenen Seele schon wieder in dieselbe zurück.

Man erzählte, wie die Stadt gleich nach der ersten Haupterschütterung von Weibern ganz voll gewesen, die vor den Augen aller Männer niedergekommen seien; wie die Mönche darin, mit dem Kruzifix in der Hand, umhergelaufen wären, und geschrien hätten: das Ende der Welt sei da! wie man einer Wache, die auf Befehl des Vizekönigs verlangte, eine Kirche zu räumen, geantwortet hätte: es gäbe keinen Vizekönig von Chili mehr! wie der Vizekönig in den schrecklichsten Augenblicken hätte müssen Galgen aufrichten lassen, um der Dieberei Einhalt zu tun; und wie ein Unschuldiger, der sich von hinten durch ein brennendes Haus gerettet, von dem Besitzer aus Übereilung ergriffen, und sogleich auch aufgeknüpft worden wäre.

Donna Elvire, bei deren Verletzungen Josephe viel beschäftigt war, hatte in einem Augenblick, da gerade die Erzählungen sich am lebhaftesten kreuzten, Gelegenheit genommen, sie zu fragen: wie es denn ihr an diesem fürchterlichen Tag ergangen sei? Und da Josephe ihr, mit beklemmtem Herzen, einige Hauptzüge davon angab, so ward ihr die Wollust, Tränen in die Augen dieser Dame treten zu sehen; Donna Elvire ergriff ihre Hand, und drückte sie, und winkte ihr, zu schweigen. Josephe dünkte sich unter den Seligen. Ein Gefühl, das sie nicht unterdrücken konnte, nannte den verflossnen Tag, so viel Elend er auch über die Welt gebracht hatte, eine Wohltat, wie der Himmel noch keine über sie verhängt hatte. Und in der Tat schien, mitten in diesen grässlichen Augenblicken, in welchen alle irdischen Güter der Menschen zu Grunde gingen, und die ganze Natur verschüttet zu werden drohte, der menschliche Geist selbst, wie eine schöne Blume, aufzugehn. Auf den Feldern, so weit das Auge reichte, sah man Menschen von allen Ständen durcheinander liegen, Fürsten und Bettler, Matronen und Bäuerinnen, Staatsbeamte und Tagelöhner, Klosterherren und Klosterfrauen: einander bemitleiden, sich wechselseitige Hülfe reichen, von dem, was sie zur Erhaltung ihres Lebens gerettet haben mochten, freudig mitteilen, als ob das allgemeine Unglück alles, was ihm entronnen war, zu *einer* Familie gemacht hätte.

Verhalten der Gesellschaft

Statt der nichtssagenden Unterhaltungen, zu welchen sonst die Welt an den Teetischen den Stoff hergegeben hatte, erzählte man jetzt Beispiele von ungeheuern Taten: Menschen, die man sonst in der Gesellschaft wenig geachtet hatte, hatten Römergröße gezeigt; Beispiele zu Haufen von Unerschrockenheit, von freudiger Verachtung der Gefahr, von Selbstverleugnung und der göttlichen Aufopferung, von ungesäumter Wegwerfung des Lebens, als ob es, dem nichtswürdigsten Gute gleich, auf dem nächsten Schritte schon gewachsen wiedergefunden würde. Ja, da nicht einer war, für den nicht an diesem Tage etwas Rührendes geschehen wäre, oder der nicht selbst etwas Großmütiges getan hätte, so war der Schmerz in jeder Menschenbrust mit so viel süßer Lust vermischt, dass sich, wie sie meinte, gar nicht angeben ließ, ob die Summe des allgemeinen Wohlseins nicht von der einen Seite um ebenso viel war, als sie von der anderen Seite abgenommen hatte.

Jeronimo nahm Josephen, nachdem sich beide in diesen Betrachtungen stillschweigend erschöpft hatten, beim Arm, und führte sie mit unaussprechlicher Heiterkeit unter den schattigen Lauben des Granatwaldes auf und nieder. Er sagte ihr, dass er, bei dieser Stimmung der Gemüter und dem Umsturz aller Verhältnisse, seinen Entschluss, sich nach Europa einzuschiffen, aufgebe; dass er vor dem Vizekönig, der sich seiner Sache immer günstig gezeigt, falls er noch am Leben sei, einen Fußfall wagen würde; und dass er Hoffnung habe (wobei er ihr einen Kuss aufdrückte), mit ihr in Chili zurückzubleiben. Josephe antwortete, dass ähnliche Gedanken in ihr aufgestiegen wären; dass auch sie nicht mehr, falls ihr Vater nur noch am Leben sei, ihn zu versöhnen zweifle; dass sie aber statt des Fußfalls lieber nach La Conception zu gehen, und von dort aus schriftlich das Versöhnungsgeschäft mit dem Vizekönig zu betreiben rate, wo man auf jeden Fall in der Nähe des Hafens wäre, und für den besten, wenn das Geschäft die erwünschte Wendung nähme, ja leicht wieder nach St. Jago zurückkehren könnte. Nach einer kurzen Überlegung gab Jeronimo der Klugheit dieser Maßregel seinen Beifall, führte sie noch ein wenig, die heitern Momente der Zukunft überfliegend, in den Gängen umher, und kehrte mit ihr zur Gesellschaft zurück.

Inzwischen war der Nachmittag herangekommen, und die Gemüter der herumschwärmenden Flüchtlinge hatten sich, da die Erdstöße nachließen, nur kaum wieder ein wenig beruhigt, als sich schon die Nachricht verbreitete, dass in der Dominikanerkirche, der einzigen, welche das Erdbeben verschont hatte, eine feierliche Messe von dem Prälaten des Klosters selbst gelesen werden würde, den Himmel um Verhütung ferneren Unglücks anzuflehen.

Dominikaner
= Predigerorden

Prälat
= geistlicher Würdenträger in der katholischen Kirche

Das Volk brach schon aus allen Gegenden auf, und eilte in Strömen zur Stadt. In Don Fernandos Gesellschaft ward die Frage aufgeworfen, ob man nicht auch an dieser Feierlichkeit teilnehmen, und sich dem allgemeinen Zuge anschließen solle? Donna Elisabeth erinnerte, mit einiger Beklemmung, was für ein Unheil gestern in der Kirche vorgefallen sei; dass solche Dankfeste ja wiederholt werden würden, und dass man sich der Empfindung alsdann, weil die Gefahr schon mehr vorüber wäre, mit desto größerer Heiterkeit und Ruhe überlassen könnte. Josephe äußerte, indem sie mit einiger Begeisterung sogleich aufstand, dass sie den Drang, ihr Antlitz vor dem Schöpfer in den Staub zu legen, niemals lebhafter empfunden habe, als eben jetzt, wo er seine unbegreifliche und erhabene Macht so entwickele. Donna Elvire erklärte sich mit Lebhaftigkeit für Josephens Meinung. Sie bestand darauf, dass man die Messe hören sollte, und rief Don Fernando auf, die Gesellschaft zu führen, worauf sich alles, Donna Elisabeth auch, von den Sitzen erhob. Da man jedoch Letztere, mit heftig arbeitender Brust, die kleinen Anstalten zum Aufbruche zaudernd betreiben sah, und sie, auf die Frag: was ihr fehle? antwortete: sie wisse nicht, welch eine unglückliche Ahndung in ihr sei? so beruhigte sie Donna Elvire, und forderte sie auf, bei ihr und ihrem kranken Vater zurückzubleiben. Josephe sagte: So werden Sie mir wohl, Donna Elisabeth, diesen kleinen Liebling abnehmen, der sich schon wieder, wie Sie sehen, bei mir eingefunden hat. Sehr gern, antwortete Donna Elisabeth, und machte Anstalten ihn zu ergreifen; doch da dieser über das Unrecht, das ihm geschah, kläglich schrie, und auf keine Art darein willigte, so sagte Josephe lächelnd, dass sie ihn nur behalten wolle, und küsste ihn wieder still. Hierauf bot Don Fernando, dem die ganze Würdigkeit und Anmut ihres Betragens sehr gefiel, ihr den Arm; Jeronimo, welcher den kleinen Philipp trug, führte Donna Constanzen; die übrigen Mitglieder, die sich bei der Gesellschaft eingefunden hatten, folgten; und in dieser Ordnung ging der Zug nach der Stadt.

Sie waren kaum funfzig Schritte gegangen, als man Donna Elisabeth, welche inzwischen heftig und heimlich mit Donna Elvire gesprochen hatte: Don Fernando! rufen hörte, und dem Zuge mit unruhigen Tritten nacheilen sah. Don Fernando hielt, und kehrte sich um; harrte ihrer, ohne Josephen loszulassen, und fragte, da sie, gleich als ob sie auf sein Entgegenkommen wartete, in einiger Ferne stehen blieb: was sie wolle? Donna Elisabeth näherte sich ihm hierauf, obschon, wie es schien, mit Widerwillen, und raunte ihm, doch so, dass Josephe es nicht hören konnte, einige Worte ins Ohr. Nun? fragte Don Fernando: und das Unglück, das daraus entstehen kann? Donna Elisabeth fuhr fort, ihm mit verstörtem Gesicht ins Ohr zu zischeln. Don Fernando stieg eine Röte des Unwillens ins Gesicht; er antwortete: es wäre gut! Donna Elvire möchte sich beruhigen; und führte seine Dame weiter. –

Als sie in der Kirche der Dominikaner ankamen, ließ sich die Orgel schon mit musikalischer Pracht hören, und eine unermessliche Menschenmenge wogte darin. Das Gedränge erstreckte sich bis weit vor den Portalen auf den Vorplatz der Kirche hinaus, und an den Wänden hoch, in den Rahmen der Gemälde, hingen Knaben, und hielten mit erwartungsvollen Blicken ihre Mützen in der Hand. Von allen Kronleuchtern strahlte es herab, die Pfeiler warfen, bei der einbrechenden Dämmerung, geheimnisvolle Schatten, die große von gefärbtem Glas gearbeitete Rose in der Kirche äußerstem Hintergrunde glühte, wie die Abendsonne selbst, die sie erleuchtete, und Stille herrschte, da die Orgel jetzt schwieg, in der ganzen Versammlung, als hätte keiner einen Laut in der Brust. Niemals schlug aus einem christlichen Dom eine solche Flamme der Inbrunst gen Himmel, wie heute aus dem Dominikanerdom zu St. Jago; und keine menschliche Brust gab wärmere Glut dazu her, als Jeronimos und Josephens!

Die Feierlichkeit fing mit einer Predigt an, die der ältesten Chorherren einer, mit dem Festschmuck angetan, von der Kanzel hielt. Er begann gleich mit Lob, Preis und Dank, seine zitternde, vom Chorhemde weit umflossenen Hände hoch gen Himmel erhebend, dass noch Menschen seien, auf diesem, in Trümmer zerfallenden Teile der Welt, fähig, zu Gott empor zu stammeln. Er schilderte, was auf den Wink des Allmächtigen geschehen war; das Weltgericht kann nicht entsetzlicher sein; und als er das gestrige Erdbeben gleichwohl, auf einen Riss, den der Dom erhalten hatte, hinzeigend, einen bloßen Vorboten davon nannte, lief ein Schauder über die ganze Versammlung. Hierauf kam er, im Flusse priesterlicher Beredsamkeit, auf das Sittenverderbnis der Stadt; Gräuel, wie Sodom und Gomorra sie nicht sahen, straft' er an ihr; und nur der unendliche Langmut Gottes schrieb er es zu, dass sie noch nicht gänzlich vom Erdboden vertilgt worden sei.

Chorherren = Priestergemeinschaft

Weltgericht = Jüngstes Gericht, bezeichnet nach der biblischen Offenbarung des Johannes den ‚letzten Tag' der Schöpfung, an dem Christus als endzeitlicher Richter die Seligen von den Verdammten scheidet

Sodom und Gomorra = Namen zweier biblischer Städte, die nach dem 1. Buch von Mose 18–19 wegen Verfehlungen der Bewohner von Gott vernichtet wurden.

Aber wie dem Dolche gleich fuhr es durch die von dieser Predigt schon ganz zerissenen Herzen unserer beiden Unglücklichen, als der Chorherr bei dieser Gelegenheit umständlich des Frevels erwähnte, der in dem Klostergarten der Karmeliterinnen verübt worden war; die Schonung, die er bei der Welt gefunden hatte, gottlos nannte, und in einer von Verwünschungen erfüllten Seitenwendung, die Seelen der Täter, wörtlich genannt, allen Fürsten der Hölle übergab! Donna Constanze rief, indem sie an Jeronimos Armen zuckte: Don Fernando! Doch dieser antwortete so nachdrücklich und doch so heimlich, wie sich beides verbinden ließ: „Sie schweigen, Donna, Sie rühren auch den Augapfel nicht, und tun, als ob Sie in eine Ohnmacht versänken; worauf wir die Kirche verlassen." Doch, ehe Donna Constanze diese sinnreiche zur Rettung erfundene Maßregel noch ausgeführt hatte, rief schon eine Stimme, des Chorherrn Predigt laut unterbrechend, aus: Weichet fern hinweg, ihr Bürger von St. Jago, hier stehen diese gottlosen Menschen! Und als eine andere Stimme schreckenvoll, indessen sich ein weiter Kreis des Entsetzens um sie bildete, fragte: wo? hier? versetzte ein Dritter, und zog, heiliger Ruchlosigkeit voll, Josephens bei den Haaren nieder, dass sie mit Don Fernandos Sohne zu Boden getaumelt wäre, wenn dieser sie nicht gehalten hätte. Seid ihr wahnsinnig? rief der Jüngling, und schlug den Arm um Josephen: ich bin Don Fernando Ormez, Sohn des Kommandanten der Stadt, den ihr alle kennt." Don Fernando Ormez? rief, dicht vor ihn hingestellt, ein Schuhflicker, der für Josephen gearbeitet hatte, und diese wenigstens so genau kannte, als ihre kleinen Füße. Wer ist der Vater zu diesem Kinde? wandte er sich mit frechem Trotz zur Tochter Asterons. Don Fernando erblasste bei dieser Frage. Er sah bald den Jeronimo schüchtern an, bald überflog er die Versammlung, ob nicht einer sei, der ihn kenne? Josephe rief, von entsetzlichen Verhältnissen gedrängt: dies ist nicht mein Kind, Meister Pedrillo, wie Er glaubt; indem sie, in unendlicher Angst der Seele, auf Don Fernando blickte: Dieser junge Herr ist Don Fernando Ormez, Sohn des Kommandanten der Stadt, den ihr alle kennt! Der Schuster fragte: wer von euch, ihr Bürger, kennt diesen jungen Mann? Und mehrere der Umstehenden wiederholten: Wer kennt den Jeronimo Rugera? Der trete vor! Nun traf es sich, dass in demselben Augenblicke der kleine Juan, durch den Tumult erschreckt, von Josephens Brust weg Don Fernando in die Arme strebte. Hierauf: Er *ist* der Vater!, schrie eine Stimme, und: er *ist* Jeronimo Rugera!, eine andere; und: sie *sind* die gotteslästerlichen Menschen! eine dritte; und: steinigt sie! steinigt sie! die ganze im Tempel Jesu versammelte Christenheit! Drauf jetzt Jeronimo: Halt! Ihr Unmenschlichen! Wenn ihr den Jeronimo Rugera sucht: Hier ist er! Befreit jenen Mann, welcher unschuldig ist! –

Der wütende Haufen, durch die Äußerungen Jeronimos verwirrt, stutzte; mehrere Hände ließen Don Fernando los; und da in demselben Augenblick ein Marine-Offizier von bedeutendem Rang herbeieilte, und, indem er sich durch den Tumult drängte, fragte: Don Fernando Ormez! Was ist Euch widerfahren? so antwortete dieser, nun völlig befreit, mit wahrer heldenmütiger Besonnenheit: „Ja, sehen Sie, Don Alonzo, die Mordknechte! Ich wäre verloren gewesen, wenn dieser würdige Mann sich nicht, die rasende Menge zu beruhigen, für Jeronimo Rugera ausgegeben hätte. Verhaften Sie ihn, wenn Sie die Güte haben wollen, nebst dieser jungen Dame, zu ihrer beiderseitigen Sicherheit; und diesen Nichtswürdigen!", indem er Meister Pedrillo ergriff, „der den ganzen Aufruhr angezettelt hat!" Der Schuster rief: Don Alonzo Onoreja, ich frage Euch auf Euer Gewissen, ist dieses Mädchen nicht Josephe Asteron? Da nun Don Alonzo, welcher Josephen sehr genau kannte, mit der Antwort zauderte, und mehrere Stimmen, dadurch von neuem zur Wut entflammt, riefen: sie ist's, sie ist's! und: bringt sie zu Tode!, so setzte Josephe den kleinen Philipp, den Jeronimo bisher getragen hatte, samt dem kleinen Juan, auf Don Fernandos Arm, und sprach: Gehn Sie, Don Fernando, retten Sie Ihre beiden Kinder, und überlassen Sie uns unserm Schicksale!

Don Fernando nahm die beiden Kinder und sagte: Er wolle eher umkommen, als zugeben, dass seiner Gesellschaft etwas zu Leide geschehe. Er bot Josephen, nachdem er sich den Degen des Marine-Offiziers ausgebeten hatte, den Arm und forderte das hintere Paar auf, ihm zu folgen. Sie kamen auch wirklich, indem man ihnen, bei solchen Anstalten, mit hinlänglicher Ehrerbietigkeit Platz machte, aus der Kirche heraus, und glaubten sich gerettet. Doch kaum waren sie auf den von Menschen gleichfalls erfüllten Vorplatz derselben getreten, als eine Stimme aus dem rasenden Haufen, der sie verfolgt hatte, rief: Dies ist Jeronimo Rugera, ihr Bürger, denn ich bin sein eigener Vater! und ihn an Donna Constanzens Seite mit einem ungeheuren Keulenschlage zu Boden streckte. Jesus Maria! rief Donna Constanze, und floh zu ihrem Schwager; doch Klostermetze! erscholl es schon, mit einem zweiten Keulenschlage, von einer andern Seite, der sie leblos neben Jeronimo niederwarf. Ungeheuer! rief ein Unbekannter; dies war Donna Constanze Xares! Warum belogen sie uns! antwortete der Schuster; sucht die Rechte auf, und bringt sie um! Don Fernando, als er Constanzes Leichnam erblickte, glühte vor Zorn; er zog und schwang das Schwert, und hieb, dass er ihn gespalten hätte, den fanatischen Mordknecht, der diese Gräuel veranlasste, wenn derselbe nicht, durch eine Wendung, dem wütenden Schlag entwichen wäre. Doch da er die Menge, die auf ihn eindrang, nicht überwältigen konnte: Leben Sie wohl, Don Fernando mit den Kindern! rief Josephe – und: hier mordet mich, ihr blutdürstigen Tiger! und stürzte sich freiwillig unter sie, um dem Kampf ein Ende zu machen. Meister Pedrillo schlug sie mit der Keule nieder. Darauf ganz mit ihrem Blute besprützt: Schickt ihr den Bastard zur Hölle nach!, rief er, und drang, mit noch ungesättigter Mordlust, von neuem vor.

Metze = Hure, Dirne

Bastard = uneheliches Kind

Don Fernando, dieser göttliche Held, stand jetzt, den Rücken an die Kirche gelehnt; in der Linken hielt er die Kinder, in der Rechten das Schwert. Mit jedem Hiebe wetterstrahlte er einen zu Boden; ein Löwe wehrt sich nicht besser. Sieben Bluthunde lagen tot vor ihm, der Fürst der satanischen Rotte selbst war verwundet. Doch Meister Pedrillo ruhte nicht eher, als bis er der Kinder eines bei den Beinen von seiner Brust gerissen, und, hochher im Kreise geschwungen, an eines Kirchpfeilers Ecke zerschmettert hatte. Hierauf ward es still, und alles entfernte sich. Don Fernando, als er seinen kleinen Juan vor sich liegen sah, mit aus dem Hirne vorquellendem Mark, hob, voll namenlosen Schmerzes, seine Augen gen Himmel.

wetterstrahlen = blitzartig niederschmettern

Der Marine-Offizier fand sich wieder bei ihm ein, suchte ihn zu trösten, und versicherte ihn, dass seine Untätigkeit bei diesem Unglück, obschon durch mehrere Umstände gerechtfertigt, ihn reue: doch Don Fernando sagte, dass ihm nichts vorzuwerfen sei, und bat ihn nur, die Leichname jetzt fortschaffen zu helfen. Man trug sie alle, bei der Finsternis der einbrechenden Nacht, in Don Alonzos Wohnung, wohin Don Fernando ihnen, viel über das Antlitz des kleinen Philipp weinend, folgte. Er übernachtete auch bei Don Alonzo, und säumte lange, unter falschen Vorspiegelungen, seiner Gemahlin von dem ganzen Umgang des Unglücks zu unterrichten; einmal, weil sie krank war, und dann, weil er auch nicht wusste, wie sie sein Verhalten bei dieser Begebenheit beurteilen würde; doch kurze Zeit nachher, durch einen Besuch zufällig von allem, was geschehen war, benachrichtigt, weinte diese treffliche Dame im Stillen ihren mütterlichen Schmerz aus, und fiel ihm mit dem Rest einer erglänzenden Träne eines Morgens um den Hals und küsste ihn. Don Fernando und Donna Elvire nahmen hierauf den kleinen Fremdling zum Pflegesohn an; und wenn Don Fernando Philippen mit Juan verglich, und wie er beide erworben hatte, so war es ihm fast, als müsst er sich freuen.

Aufgabe

1. Lesen Sie „Das Erdbeben in Chili", indem Sie zugleich durch Unterstreichungen und Notizen das hervorheben, was Ihnen bei der ersten Lektüre bereits auffällt.

… dem Verhalten der Menschen nach einem Erdbeben gegenüber Josephe und Jeronimo, deren Liebesbeziehung und uneheliches Kind in der damaligen Gesellschaft als Sünde gesehen ~~[illegible]~~ und als Ursache ~~Grund~~ für das Erdbebens herangezogen wurden.

Aufgabe

1. Fassen Sie einer Mitschülerin / einem Mitschüler gegenüber den Inhalt der Geschichte zusammen, und teilen Sie sich wechselseitig Ihre ersten Leseeindrücke mit. Halten Sie Ihre Wahrnehmungen und Erkenntnisse schriftlich fest. Formulieren Sie anschließend das Thema der Geschichte in einem Satz.

Wichtig: Unter einem Thema versteht man den Grund- und Leitgedanken eines Werkes, wie zum Beispiel die Suche nach religiöser Sinnorientierung, die Feindschaft zwischen zwei Brüdern oder den Verfall einer bürgerlichen Familie.

Heinrich von Kleists Erzählung „Das Erdbeben in Chili“ aus dem Jahre 1810 handelt von ... .

~~[illegible]~~
~~brutal~~
~~– Verhalten eines Menschen~~
– Jeronimo, Josephe
– und ihre Heirat
– über Gesellschaft hinwegsetzen
– schuldgeprägt, Sündige, Bestrafung
– Naturkatastrophe
– Verhalten der Gesellschaft
– Sprache/Steigerung der Gewalt
– wirft Frage von Schuld auf

Tipp

1. Lesen Sie vor der Bearbeitung der nachfolgenden Aufgaben den jeweiligen Textausschnitt nochmals, indem Sie erneut Markierungen vornehmen und weitere Notizen machen, die sich auf die Fragestellung beziehen.

2. Nutzen Sie auch die Checkliste auf S. 14/15.

Aufgabe

1. Untersuchen Sie den Anfang von Kleists Erzählung „Das Erdbeben in Chili“ (Z. 1–45). Benennen Sie die wesentlichen inhaltlichen, strukturellen und thematischen Merkmale.

Text

Checkliste: Fragen zur Analyse epischer Literatur

Frage nach dem Thema: Wovon handelt der Erzähltext?

Thema (z. B. Zerfall der Liebe, Suche nach Glück, Schönheit der Natur, Entfremdung von der Familie usw.)

Frage nach dem Inhalt: Was wird erzählt?

kurze Zusammenfassung der Handlung

Frage nach den textimmanenten Erschließungsaspekten

a) Figurengestaltung und -darstellung
   - Welche Informationen erhalten die Leser innerhalb der Geschichte über die Personen?
   - Wer sind die Hauptpersonen / die Nebenfiguren der Handlung?
   - Handelt es sich bei den Personen eher um Individuen mit unverwechselbaren Eigenschaften oder eher um Typen (der Geizige, die Prinzessin usw.)?
   - Welche Beziehungen bestehen zwischen den Personen?
   - Lassen die Personen eine Entwicklung erkennen?

b) Erzählperspektive / Erzählweise
   - Von welchem Standort und aus welcher Perspektive wird erzählt?
   - Bringt sich der Erzähler selbst in das Geschehen ein (auktoriale Perspektive)?
   - Tritt der Erzähler hinter die Figuren zurück (personale Perspektive) ?
   - Scheint der Erzähler gänzlich hinter den Figuren der Handlung zu verschwinden, sodass das Berichtete wie die dokumentarische Abbildung der Wirklichkeit wirkt (neutrale Perspektive)?
   - Tritt der Erzähler in der Ich-Form auf?
   - Konzentriert sich der Blick des Erzählers eher auf die Gesamtheit, oder bevorzugt er Details?
   - In welcher Form der Darbietung und aus welcher Haltung wird erzählt?
   - Lassen sich größere Darbietungsformen wie Bericht oder szenische Darstellung erkennen?
   - Wird die Handlung subjektiv gewertet oder im Wesentlichen objektiv dargestellt? Ist die Darstellung also eher persönlich oder sachlich gehalten?
   - Treten Formen der Distanzierung wie Ironie oder Sarkasmus auf?

c) Handlungsaufbau
   - Welche Informationen erhalten die Leser über die Handlung?
   - Gibt es eine Rahmenhandlung? Welche Haupt- und Nebenhandlungen lassen sich erkennen?
   - In welchem größeren Handlungszusammenhang steht der Textauszug?
   - Werden eher äußere Geschehnisse oder eher innere Vorgänge beschrieben?
   - Enthält der Text viele Beschreibungen (von Personen, Gegenständen, Landschaften) oder nennt er eine Fülle von Ereignissen?
   - Wo ist ein Spannungsaufbau oder -abfall zu verzeichnen?
   - Wird eine abgeschlossene Geschichte erzählt? Oder sind Anfang und/oder Ende offen?

d) Raum- und Zeitgestaltung
   - Welche Informationen erhalten die Leser innerhalb der Geschichte zu Zeit und Raum?
   - Ist die Handlung chronologisch erzählt, oder springt die Handlungsfolge in der Zeit hin und zurück (z. B. in der Form der Rückblende)?
   - Gibt es Formen der Zeitraffung oder der Zeitdehnung?
   - Welche Formen des Raums liegen vor (Außenraum, Innenraum, Ausgestaltung)?
   - Welche Funktion besitzt der Raum innerhalb der Handlung? Bringt er Enge oder Weite zum Ausdruck? Ist er Projektionsfläche für die innere Verfassung eines Menschen?

e) Motive
   - Welche zentralen Motive sind erkennbar?
   - Gibt es (häufig wiederkehrende) Leitmotive? (z. B. Musik, Wetter, Doppelgänger usw.)

f) Sprachliche Gestaltung
   - Welche sprachlichen und stilistischen Besonderheiten lassen sich erkennen?
   - Enthält der Text Bilder (Schnee), Vergleiche (wie im Flug), Metaphern (Wüstenschiff) oder Symbole (Kreuz)?
   - Enthält der Text weitere rhetorische Figuren?
   - Enthält der Text auffällige Häufungen von Wortformen (Adjektive, Verben)?
   - Ist der Text durchgängig in der Hochsprache verfasst? Oder enthält er Dialekte, Umgangssprache, Vulgärausdrücke?
   - Besitzt der Text dialogische Anteile in der Form der wörtlichen und/oder indirekten Wiedergabe von Gesprächen?
   - Ist der Satzbau einfach (parataktisch) oder ist er verschachtelt (hypotaktisch)?
   - Weichen Rechtschreibung oder Zeichensetzung von der Norm ab?
   - Welche Bedeutung haben Besonderheiten in der sprachlich-stilistischen Gestaltung im Hinblick auf die Bestätigung von Analyseergebnissen?

Frage nach den textüberschreitenden Erschließungsaspekten

- Enthält der Text Hinweise auf die Gesellschaft, in welcher das Individuum lebt?
- Erklären diese Hinweise möglicherweise das Verhalten der Protagonisten?
- In welcher literarischen Epoche ist der Text entstanden?
- Welchem Genre (Novelle, Erzählung, Roman) ist er zuzuordnen?
- Welche Informationen über den Autor gibt es?
- Lassen sich Bezüge zur Gegenwart herstellen?

Aufgabe

1. Analysieren Sie den Textabschnitt Z. 46–120 unter besonderer Berücksichtigung des Gottesbildes. Beziehen Sie in Ihre Deutung auch vorausgegangene und später folgende Ereignisse mit ein.

Aufgabe

1. Der Textabschnitt Z. 121–193 enthält eine Fülle von religiösen bzw. biblischen Begriffen und Motiven. Ermitteln Sie entsprechende Textstellen, und untersuchen Sie ihre mögliche Funktion im Rahmen des Erzählten.

Tipp

1. Bei der Bearbeitung der Aufgabe können Ihnen Bilder auf S. 16 sowie die biblische Darstellung des Paradieses im Buch Genesis 2 (vgl. S. 72) Hilfe bieten.

Ferdinand Bol (1616–1680): Die Ruhe auf der Flucht nach Ägypten, 1644, Öl auf Leinwand

Lucas Cranach der Ältere (1472–1553): Das goldene Zeitalter, um 1530, Öl auf Leinwand

Aufgabe

1. Im Übergangsteil zum Aufenthalt der Liebenden in einem Tal abseits der zerstörten Stadt heißt es:

Josephe „ging (...) in ein dunkles, von Pinien beschattetes Tal (...) und fand ihn hier, diesen Geliebten, im Tale, und Seligkeit, als ob es das Tal von Eden gewesen wäre.“

Die Konjunktion „als ob“ deutet bereits auf die Scheinhaftigkeit des Liebesglücks hin. Weisen Sie in der sogenannten „Tal von Eden-Szene“ (Z. 121–193) durch unterschiedlich farbige Textmarkierungen sowohl Momente vollkommener Harmonie als auch Hinweise auf die Fragwürdigkeit dieser Harmonie nach.

Aufgabe

1. Sprache und Stil von Kleists Erzählungen sind durch eine ganz persönliche ‚Handschrift' des Schriftstellers bestimmt.
Beschreiben Sie anhand des Textabschnitts Z. 194–236 die typischen Merkmale der Erzähltechnik. Nutzen Sie die Checkliste zur Analyse epischer Texte auf S. 15/16.

Aufgabe

1. Der Schlussteil (Z. 237–329) erzählt von einer Spirale der Gewalt. Erstellen Sie mit Hilfe der folgenden Tabelle eine Übersicht über den Ablauf der Ereignisse. Bewerten Sie Ihr Ergebnis vor dem Hintergrund der Frage nach der Eskalation des Bösen.

Ort und Zeit	Personen	Handlung
Dominikanerdom zu St. Jago einbrechende Dämmerung	– „unermessliche Menschenmenge“ – Jeronimo, Josephe	– Orgelmusik, Stille der Anwesenden „Niemals schlug aus einem christlichen Dom eine solche Flamme der Inbrunst gen Himmel, wie heute aus dem Dominikanerdom zu St. Jago; und keine menschliche Brust gab wärmere Glut dazu her, als Jeronimos und Josephens!“
Innenraum der Kirche Kanzel: erhöhter Standort für Prediger innerhalb einer Kirche	– ältester Chorherr – „Versammlung“ der Anwesenden	– Predigt in 4 Teilen: 1. „Lob, Preis und Dank“
Kanzel Kirchenschiff		

Ort und Zeit	Personen	Handlung
Vorplatz der Kirche		
Finsternis der einbrechenden Nacht Wohnung Don Alonzos		

Aufgabe

1. Der Literaturwissenschaftler Wolfgang Kayser hielt Don Fernando lediglich für eine „Nebenfigur". Setzen Sie sich mit dieser Auffassung auseinander, indem Sie ein Personenporträt Fernandos erstellen.

Aufgabe

1. Im ersten Satz seiner Analyse von Kleists „Erdbeben in Chili" schreibt der Literaturwissenschaftler Norbert Oellers 1998:

„Dies ist die Geschichte einer aus den Fugen geratenen Welt; eine Geschichte der Zerrissenheit, Verzweiflung und Hoffnungslosigkeit; eine Geschichte, in der auf nichts ‚Verlass' ist (…)."

Begründen Sie diese Aussage auf der Basis Ihrer bisherigen Textanalyse.

2. Erörtern Sie die Gültigkeit der Aussage im Hinblick auf den Schlusssatz der Erzählung:

„Don Fernando und Donna Elvire nahmen hierauf den kleinen Fremdling zum Pflegesohn an; und wenn Don Fernando Philippen mit Juan verglich, und wie er beide erworben hatte, so war es ihm fast, als müsst er sich freuen."

Kreative Aufgabe

1. Im 19. Jahrhundert wurde Kleists Novelle mehrfach nachgedruckt, allerdings mit starken Eingriffen in den Text. Vor allem der Schluss schien Anstoß zu erregen und wurde deshalb gänzlich verändert. Gestalten Sie einen neuen Schluss für die Novelle, der den harmoniebedürftigen Bestrebungen des biedermeierlichen Zeitalters entgegenkommt.

Don Fernando

gutes Ende, Sünde bestraft

Nro. 217.

Morgenblatt

für

gebildete Stände.

Donnerstag, 10. September, 1807.

Erste Seite des Erstdrucks „Erdbeben in Chili“

Aufgabe

1. Norbert Oellers begründet die Titeländerung von Kleists Text folgendermaßen:

„Zum Inhalt gehört auch, dass die Erzählung zuerst, im September 1807, unter dem Titel „Jeronimo und Josephe. Eine Scene aus dem Erdbeben zu Chili, vom Jahr 1647“ erschienen ist. Dass Kleist den Titel änderte, als er die Sammlung seiner Erzählungen 1810 für den Druck (…) vorbereitete, ist mühelos zu erklären: Es sollte nicht um die (private) Geschichte von zwei einzelnen Personen gehen, sondern um ein Geschichts- (oder gar Welt-)Ereignis von allgemeiner (öffentlicher) Bedeutung.“

Erörtern Sie auf der Basis Ihrer Textanalysen diese Aussage.

Text

Novelle: (…) Erzählung, die nach Goethes Definition eine „unerhörte Begebenheit“, also etwas Neues, Außergewöhnliches gestaltet. Im Unterschied zu Märchen und Legende erzählt die Novelle ein real vorstellbares Ereignis mit einem zentralen Konflikt. Formal erfordert dies eine straffe, meist einsträngige und zielgerichtete Handlungsführung. Das bedingt einen Aufbau mit geraffter Exposition und klar herausgearbeitetem Höhe- oder Wendepunkt zum Unerwarteten (…).

↳ unerhörte Begebenheit
↳ real vorstellbares Ereignis
↳ zentraler Konflikt
↳ straffe, zielgerichtete Handlungsführung
↳ klarer Höhe- und Wendepunkt

Text

Erzählung, allg. mündl. oder schriftl. Darstellung des Verlaufs von wirklichen oder erdachten Geschehnissen (…)
1. im weitesten Sinne Oberbegriff für alle epischen Gattungen, 2. im engeren Sinne e. Gattung, die sich durch geringeren Umfang, geringere Figurenzahl, Welthaltigkeit und Breite von Epos, Roman, Saga, durch weniger kunstvollen und tektonisch straffen Aufbau von der Novelle, durch geringere Pointierung von Anekdote und Kurzgeschichte, durch Vermeidung des Unwirklichen von Sage und Märchen unterscheidet und somit alle weniger gattungshaft ausgeprägten Formen der Erzählkunst umfasst, sich mit den anderen jedoch häufig überschneidet; gekennzeichnet durch dezentriertes, lockeres, gelegentl. verweilendes und entspannendes Entfalten des Erzählstoffes. ← falsch

↳ geringer Umfang, geringe Figurenanzahl
↳ weniger straffer, kunstvoller Aufbau ← falsch

Text

Erzählung, 1. mündl. oder schriftl. Darstellung von realen oder fiktiven Ereignisfolgen, vorwiegend in Prosa, aber auch in Versform. 2. selbständ. Einzelgattung innerhalb der Grundgattung ↑Epik, die sich mit den übrigen ep. Gattungen häufig überschneidet und noch weniger als diese exakt bestimmbar ist. Ihre Formgesetze werden daher oft negativ umschrieben: die E. ist kürzer, weniger welthaltig, weniger figurenreich und weniger komplex in Handlung und Ideengehalt als der ↑Roman; nicht so knapp und andeutend wie ↑Skizze und ↑Anekdote; im Unterschied zur ↑Novelle weniger scharf profiliert, weniger verschränkt und durchgestaltet, nicht so streng um ein oder zwei Hauptereignisse und Überraschungsmomente zentriert; weniger pointiert und weniger konsequent auf den Schluss hin komponiert als die ↑Kurzgeschichte; nicht wie ↑Märchen und ↑Legende auf Bereiche des Unwirklichen und Wunderbaren bezogen.

Text

Novelle, f. (it., eigentl. = Neuigkeit, zu lat. novus, novellus = neu) Erzählung in Prosa, seltener Versform, gestaltet ein real vorstellbares Ereignis oder eine Folge weniger aufeinander bezogener Ereignisse, die gemäß dem Namen ‚N.' den Anspruch auf Neuheit erheben. Die Ereignisfolge beruht auf einem zentralen Konflikt, der inhaltlich meist einen Gegensatz von Außergewöhnlichem oder Neuartigem mit Normalem bzw. Hergebrachten herausstellt; formal bedingt er die straffe, überwiegend einlinige Handlungsführung, das pointierte Hervortreten von Höhe- und Wendepunkten sowie die Tendenz zur ↑geschlossenen Form, bei der ein Konflikt bis zur Entscheidung durchgeführt ist. Dies bedingt weiter einen stark raffenden und funktional auswählenden Handlungsbericht, besondere Vorausdeutungs- und Integrationstechniken (oft schon im Titel), etwa durch ein sprachliches ↑Leitmotiv oder durch ein Dingsymbol, ferner den gezielten Einsatz szen. Partien an Höhepunkten und das Zurücktreten ausführlicher Schilderungen äußerer Umstände oder psych. Zustände. Der N. schreibt man deshalb oft ein hohes Maß an Objektivität der Darstellung zu, doch steht dem ebenso häufig eine ganz bestimmte, durchaus subjektive Erzählhaltung gegenüber. Deutlichstes Anzeichen für den Anspruch der N. auf Aktualität ist die beliebte Zusammenstellung von mehreren N.n zu einem Zyklus, der nicht nur gesellige Erzählsituationen, sondern eben auch einen gesellschaftl. und jeweils zeitnahen Bezugsrahmen für jeden Einzeltext abgibt; Gleiches leistet unter anderen Voraussetzungen die ebenfalls häufige Verfugung von Rahmen- und Binnenhandlung in Einzel-N.n. Die N. unterscheidet sich durch solche Aktualität und durch ihren ausdrücklichen Realitätsbezug von ↑Legende, ↑Fabel und ↑Märchen, durch konsequente Ausformulierung des zentralen Konflikts und die Tendenz zur geschlossenen Form von der jüngeren ↑Kurzgeschichte, durch bewusst kunstvollen Aufbau und gehaltliches Gewicht von ↑Anekdote, ↑Schwank, ↑Kalendergeschichte und anderen Kleinformen des Erzählens, durch die Konzentration auf Ereignis und Einzelkonflikt vom ↑Roman, (…) *Theorie*: Seit der bewussten Ausbildung einer dt. Sonderform der N. um 1800 mehren sich die Versuche, ihre Gattungsmerkmale auch theoret. zu erfassen. Goethe betont den Vorrang des Ereignishaften und des Neuen, indem er die N. als „eine sich ereignete unerhörte Begebenheit" kennzeichnet; themat. fixiert er „den Konflikt des Gesetzlichen und des Ungebändigten, des Verstandes und der Vernunft, der Leidenschaft und des Vorurteils". A. W. Schlegel (und ähnlich L. Tieck) betonen die Notwendigkeit „entscheidender Wendepunkte, sodass die Hauptmassen der Geschichte deutlich ins Auge fallen". Th. Mundt hebt den Einzelfall und die Komposition auf den „Schluss und die Pointe" hin hervor, F. Th. Vischer die Gestaltung als „Ausschnitt" und einzelne „Situationen", die „eine Krise hat und uns durch eine Gemüths- und Schicksalswendung mit scharfem Accente zeigt, was Menschenleben überhaupt sei".

Aufgabe

1. Begründen Sie ausgehend von diesen Definitionen, ob es sich bei Heinrich von Kleists „Erdbeben in Chili" eher um eine Erzählung oder um eine Novelle handelt.

Text

Klaus Müller-Salget: Über Kleists „Erdbeben in Chili"

Dass (…) Doppeldeutiges, Paradoxes, Widerspruch Kleists Werk durchziehen, ist der Forschung durchaus geläufig, aber immer wieder hat man versucht, diese Mehrdeutigkeit aufzuheben, die Widersprüche zu harmonisieren und zur Eindeutigkeit zu ‚erlösen'. Auch dem „Erdbeben in Chili" ist solches widerfahren, aber hier hat die Deutung von J. M. Ellis einen grundsätzlichen Wandel geschaffen. Überzeugend weist er nach, dass hier die Problematik der Interpretation selbst zum Thema geworden ist. Alle von den fiktiven Personen und vom Erzähler angebotenen, dem Leser sich aufdrängenden Deutungen, insbesondere hinsichtlich einer etwaigen göttlichen Lenkung, erweisen sich als unhaltbar. Mit Recht hat Wolfgang Wittkowski aus dieser Sachlage den Schluss gezogen: „Gottes Werk, so oder so verstanden, wäre zerstört, geschändet. Ja, es ist gerade der Glaube an das strafende bzw. rettende Eingreifen Gottes, der das grauenhafte Gemetzel herbeiführt." Gerade weil Kleist die Liebenden zunächst auf wahrhaft ‚wunderbare' Weise gerettet werden lässt, trifft der Schluss umso härter, macht er umso deutlicher, dass die kurzschlüssige Unterstellung einer göttlichen Lenkung sich verbietet. Die Paradoxie von Rettung und Vernichtung (symbolisch zusammengefasst im Bild der zusammenstürzenden Gebäude, deren „zufällige Wölbung" zuerst die Rettung ermöglicht, dann aber alles unter sich begräbt […]), – diese Antinomie ist nur die augenfälligste Ausformung der durchgängig paradoxen Struktur der Novelle.

Die Mehrzahl dieser Widersprüche dient der Kritik an der vom Klerus beherrschten Gesellschaft St. Jagos (die Stadt trägt den Namen eines Heiligen!), einer Gesellschaft, die sich unangefochten im Besitz eindeutiger Begriffe von Moral und Recht glaubt, damit ein Gegenstand des Hasses für Kleist, dem alle Wirklichkeit grundsätzlich uneindeutig war. Welch ein Hohn auf dieses beflissene Lynch-Christentum liegt schon in der Tatsache, dass ausgerechnet der „Bastard", der Stein des Anstoßes, das Massaker überlebt! Hierhin gehören auch die Liebesnacht im Klostergarten, die Geburtswehen auf den Stufen des Domes (am Tage, da man den aller Sinnlichkeit baren ‚Leib des Herrn', Fronleichnam, feiert), die unfromme Schaulust der „frommen Töchter" (…), die Gegenüberstellung von Don Fernandos „Gesellschaft" und *der* Gesellschaft. Eine mit Lob, Preis und Dank beginnende Predigt endet mit Verwünschungen, und „die ganze im Tempel Jesu versammelte Christenheit" (…) schreit, „heiliger Ruchlosigkeit voll" (…): „steinigt sie! steinigt sie!" (…): der Meute gleich, die den ‚Erzmärtyrer' Stephanus zu Tode brachte. Juan wird „an eines Kirchpfeilers Ecke zerschmettert" (…). – Diese Gesellschaft ist schlecht, weil sie ihr angebliches Fundament, das Christentum, pervertiert, weil sie in leerem Gesetzesdenken erstarrt ist, keinen Raum mehr lässt für das Natürliche, wie es sich in der Liebesbeziehung Jeronimos zu Josephe manifestiert. Diese Beziehung darf nicht sein, weil sie unstandesgemäß ist, und die Kirche macht sich zum Büttel dieses Klassendenkens.

Der Absetzung der pervertierten Gesellschaft gegen das Natürliche dient das Mittelstück der Erzählung, die Gegenüberstellung der blühenden Gegend und der zerstörten Stadt (…), die Schilderung der Geflüchteten in jenem paradiesischen Tal, die Erzählung auch vom Heldenmut vieler Menschen, „die man sonst in der Gesellschaft wenig geachtet hatte" (…). Hier *scheint* es, „als ob das allgemeine Unglück alles, was ihm entronnen war, zu *einer* Familie gemacht hätte" (…). Aber es scheint nur so. Zwar sind die Gebäude zerstört, einige Vertreter der Institutionen umgekommen, nicht aber diese Institutionen selbst. Mit Recht erwägt Josephe, „daß nicht jeder, der ein zertrümmertes Gebäude bewohnt hatte, unter ihm notwendig müsse zerschmettert worden sein" (…). Fast alle Kirchen zwar sind zerstört, nicht aber *die* Kirche, die auch diesen Anlass nur dazu ausnutzt, ihre Herrschaft zu festigen.

Aber nicht nur gegen diese bestimmte, von der Kirche beherrschte Gesellschaft wendet sich die Anklage. Hier wird nur besonders deutlich sichtbar, was Kleist, in naiver Rousseau-Nachfolge, der Gesellschaft, jeder Gesellschaft vorwarf: dass sie *überhaupt* Institutionen hat. Hier wird nicht gegen eine bestimmte Gesellschaftsordnung eine bestimmte andere gestellt, sondern die verfasste Gesellschaft als solche erscheint bereits als Übel. Nur in der, wenn auch bloß augenblickshaften, völligen Zertrümmerung der Institutionen und Klassenschranken kann „der menschliche Geist selbst, wie eine schöne Blume" aufgehen (…). Eine politische Alternative stellt sich nicht. Doppelsinnig heißt es schon vor dem Entschluss zum Kirchgang: „Jeronimo (…) führte sie noch ein wenig (…) in den Gängen umher, und kehrte mit ihr zur Gesellschaft zurück." (…) – zu der Gesellschaft um Don Fernando nämlich, bald darauf aber auch zu jener anderen, unentrinnbaren, die den Bruch ihrer unnatürlichen Vorschriften erbarmungslos rächen wird.

Jean-Jacques Rousseau (1712–1778) = frz. schweizer. Philosoph und Schriftsteller, forderte ein Zurück zum naturhaften Urzustand der Menschheit

Neben der Gesellschaftskritik (der härtesten wohl in Kleists Erzählwerk) haben die Paradoxa noch eine weitere Funktion: Sie umspielen das Grundthema von Rettung und Vernichtung, das über die gesellschaftliche Problematik hinausreicht. Da ist der Pfeiler, an dem Jeronimo sich erhängen will und der ihm dann als Stütze dient (…), ferner Josephes Gang zum Tode, der ihr im Augenblick des Bebens die Flucht ermöglicht, die kausale Verknüpfung in den Überlegungen der Liebenden, „wie viel Elend über die Welt kommen mußte, damit sie glücklich würden!" (…), die allgemeinen Gedanken über das Ineinander von Schmerz und Lust (…), die Namensähnlichkeit zwischen Don Fernandos Schwiegervater Don Pedro („nickte ihr liebreich mit dem Haupte zu." […]) und dem „Fürst der satanischen Rotte", dem Schustermeister Pedrillo („schlug sie mit der Keule nieder." – […]). Vor allem ist auf das zentrale Symbol des Granatapfelbaums hinzuweisen (…): Von alters ist der Granatapfel ein Symbol der Fruchtbarkeit, steht insofern hier in Zusammenhang mit der ‚natürlichen Familie', die aus der verbotenen Liebe erwachsen ist; andererseits aber war der Granatapfel ja auch die Frucht der Persephone: weil die von Hades notgedrungen Freigelassene von der Frucht gekostet hatte, musste sie zurückkehren und durfte nur noch halbjahrs die Oberwelt besuchen. – So treffen sich in diesem Symbol wieder untrennbar Leben und Tod, Werden und Zerstören, eine Antinomie, die nicht aufzulösen ist, auch (für Kleist) gesellschaftlich nicht. Seine Welt ist vom Zufall beherrscht, grundsätzlich undurchschaubar, wenn von einem Gott gelenkt, dann von einem unbegreiflichen. Über Jeronimo und Philipp lesen wir: „Jeronimo nahm ihn, und hätschelte ihn in unsäglicher Vaterfreude, und verschloß ihm, da er das fremde Antlitz anweinte, mit Liebkosungen ohne Ende den Mund." (…): ein Vater zwar, aber mit einem fremden, erschreckenden Gesicht, dies ist das Äußerste, was der Text für eine Gottesvorstellung allenfalls noch hergeben kann, und es erhebt sich die Frage, ob ein solcher Gott nicht identisch ist mit Satan (…).

Aufgabe

1. Bestimmen Sie die zentrale These des Verfassers. Markieren Sie Textstellen, die der Begründung der These dienen.
2. Vergleichen Sie Ihre Arbeitsergebnisse mit denjenigen anderer Kursteilnehmer, und fassen Sie die Kernaussagen des Verfassers mit eigenen Worten zusammen.
3. Erläutern Sie, durch welche Kriterien die Wissenschaftlichkeit des Aufsatzes gewährleistet ist.

2 Das Erdbeben von Lissabon und die Folgen – textüberschreitende Aspekte einbeziehen

Text

Alfred Owen Aldridge: Das Erdbeben in Santiago de Chile 1647

Kleist hat in seiner Novelle auf tatsächliche Ereignisse zurückgegriffen. Am 13. Mai 1647 bebte in Südamerika, in Santiago de Chile, die Erde.

Das Erdbeben begann am 13. Mai 1647 um 10.37 nachts. Alle Gebäude Santiagos brachen augenblicklich zusammen – sodass man den Lärm des Erdbebens nicht von dem der einstürzenden Gebäude unterscheiden konnte. Die Erschütterung dauerte etwa zwölf Minuten; während dieser Zeit war der Himmel fast gänzlich durch Staubwolken verdunkelt, nur gelegentlich drangen schwache Strahlen des Mondscheins hindurch. Der Lärm war so groß, dass man ihn noch 50 Meilen entfernt an den Cordilleren hören konnte, und sogar die aufgeklärtesten Einwohner von Santiago dachten, das Jüngste Gericht sei über sie gekommen.

Die eindrucksvolle Kathedrale, die – was ihren architektonischen Rang betrifft – ohnegleichen in den beiden Amerikas war, stand unerschüttert mit ihrem Mittelschiff und einem Teil der Sakristei, doch der Rest wurde zerstört. Die anderen Kirchen und Klöster in der Stadt, einschließlich der Dominikanerkirche, hatten weniger Glück. Alle lagen in Trümmern, mit Ausnahme der Kirche, die dem heiligen Santurnino geweiht war, der seither als Schutzheiliger der Stadt angesehen wurde, weil seine Kirche als Einzige verschont blieb.

Nach dem ersten Schock der Katastrophe fingen die Stadtbewohner an, sich durch die beiden einzigen unversperrten Straßen zu der zentralen Plaza durchzuzwängen. Während der ganzen Nacht kam es immer wieder zu Beben, und übelriechende Wasser und große Mengen von Sand schossen aus Spalten in der Erde hervor, obwohl Santiago 10 bis 12 Meilen vom Ozean entfernt liegt. Während der Nacht liefen 40 oder 50 Priester in der Menge umher, nahmen die Beichte ab und erteilten die Letzte Ölung. Gegen Morgengrauen feierten der Bischof und der übrige Klerus eine fortdauernde Messe an einem improvisierten Altar auf der Plaza. In der Nacht des 14. Mai wuchsen Angst und Schrecken der Bevölkerung bis zu einem solchen Grad, dass der Bischof anfing, im Friedhof der Kathedrale zu predigen, um die Leute zu beruhigen. Seine Predigt dauerte eineinhalb Stunden. Trotz der Schwachheit seiner Stimme und seines stark angegriffenen Gesundheitszustandes erzählte man später, dass er noch aus der Entfernung von mehreren Blocks deutlich zu hören war.

Letzte Ölung = Sakrament, dem Schwerkranken vom Priester gespendet

Viele der Leute verstanden den Bischof dahingehend, „dass Gott bereits besänftigt sei durch das große Ausmaß der Reue, das die Bevölkerung der Stadt schon an den Tag gelegt hätte; dass er wisse, dass die Strafe im Vergleich zu den Sünden der Menschen zwar recht gering, dabei als solche aber doch streng gewesen sei; und dass Gott bereits erreicht hätte, was er beabsichtigte, nämlich ihre Trauer und Reue“. In Wirklichkeit aber wiesen die Worte des Bischofs jedwede Vorstellung von Bestrafung oder Besänftigung gänzlich zurück. Er stellte unzweideutig fest, dass das Erdbeben kein verlässlicher Beweis für Gottes Zorn sei. In seinem nachfolgenden Buch widmete er 12 Seiten der Rechtfertigung der theologischen Ansicht, dass große Katastrophen, die massenhaftes Leid hervorrufen, oft dazu bestimmt seien, eher als Prüfung für Gottes Volk denn als Bestrafung zu wirken.

Der Bischof zählte eine Reihe von übernatürlichen und wundersamen Begleiterscheinungen des Bebens auf, von denen seinerzeit berichtet wurde, die er allesamt als Lügen oder Produkte der Einbildungskraft bezeichnete: Unmittelbar vor dem Beben gebar eine Indianerin drei Knaben, von denen einer die Katastrophe vorhersagte; ein Kruzifix sprach streng zu einem Kirchendiener; das Christusbildnis in der St. Augustin-Kirche kehrte sein Gesicht dreimal um; eine Indianerin sah einen Feuerring durch das Rathaus laufen; und in den umliegenden Bergen wurden die Stimmen von Dämonen, Trommeln und Trompeten, Gewehrfeuer und der Zusammenprall zweier Armeen gehört.

Aufgabe

1. Bestimmen Sie beim Lesen Gemeinsamkeiten und Unterschiede zwischen den historischen Fakten und der literarischen Darstellung des Erdbebens durch Heinrich von Kleist, der wahrscheinlich Kenntnis von den Augenzeugenberichten hatte.

Text

Bernhard Greiner: Das Erdbeben von Lissabon

Kleist griff nicht nur Vorkommnisse im fernen Südamerika auf – in seiner Erzählung scheint auch eine Naturkatastrophe durch, die Europa 1755 erschütterte.

In einer Erzählung des frühen 19. Jahrhunderts das Motiv des Erdbebens ins Zentrum zu stellen, ruft unumgänglich die Debatten herauf, die nach dem Erdbeben von Lissabon im Jahre 1755 im intellektuellen Europa geführt worden sind. Neu zu klären war angesichts dieser Katastrophe philosophisch, wie weit das aufklärerische Konzept einer in sich vernünftig organisierten Natur der Erforschung wie der Nachahmung der Natur weiterhin zugrundegelegt werden konnte, theologisch musste über die Frage, wie Gott solches Übel in der Welt, das Schuldige wie Unschuldige ins Verderben stürzt, zulassen kann, das Konzept der Theodizee ins Schwanken geraten. Voltaire hatte schon 1756 mit seinem „Poème sur le desastre de Lisbonne en 1755" reagiert. Das Erdbeben wird hier zum Anlass genommen, Leibniz' Lehre von der ‚besten aller Welten', mehr noch Popes Lehrsatz ‚Alles ist gut' zurückzuweisen, wobei Voltaire das Erdbeben selbst aber als unerklärbares Ereignis belässt, insofern weder der Ursprung des moralischen noch des physischen Übels erklärt werden könne. Kant hat fast zeitgleich mit der Schrift von 1756 über „Geschichte und Naturbeschreibung der merkwürdigen Vorfälle des Erdbebens, welches an dem Ende des 1755sten Jahres einen großen Theil der Erde erschüttert hat" Stellung genommen. Mit Nachdruck wehrt Kant Versuche ab, Ereignissen dieser Art einen theologischen oder metaphysischen Sinn zu unterlegen. Schon hier spricht er positiv von der Haltung, die solche Erfahrung im Beobachter erwecken soll (‚Menschenliebe', d.h. tätige Hilfe für die Opfer), während er – theologisch-moralische – Sinngebungsversuche der Naturvorgänge selbst entschieden zurückweist:

„Man verstößt aber sehr dawider [die Menschenliebe], wenn man dergleichen Schicksale jederzeit als verhängte Strafgerichte ansieht, die die verheerte Städte um ihrer Übelthaten willen betreffen und wenn wir diese Unglücksfälle als Ziel der Rache Gottes betrachten, über die seine Gerechtigkeit alle ihre Zornschalen ausgießt. Diese Art des Unheils ist ein sträflicher Vorwitz, der sich anmaßt, die Absichten der göttlichen Rathschlüsse einzusehen und nach seinen Einsichten auszulegen."

Rousseau argumentiert in seinem „Brief an Herrn von Voltaire" vom 18.8.1756, den er an Voltaire schickte und 1760 erstmals publiziertes, analog im Sinne einer Unangemessenheit theologischer oder metaphysischer Interpretation, wobei er Voltaire vorwirft, das theologische Terrain nicht wirklich verlassen zu haben. Nicht theologische Fragen seien zu erörtern, sondern solche einer besseren Einrichtung der Welt, damit solche Naturereignisse weniger Schaden anrichteten. Auf Rousseaus Brief hat Voltaire dann mit dem „Candide" geantwortet, der die prinzipiell sinnhafte Interpretation der Welt (als beste aller möglichen) wie die selbstlose Hinwendung zu den Unglücklichen frivol verspottet. Zweifellos hat Kleists Erzählung von Voltaires Satire stoffliche Anregungen bezogen (Candide und sein Lehrer Pangloß geraten zufällig in das Erdbeben von Lissabon, das allenthalben apokalyptische Ängste erregt, die Reetablierung der Ordnung geschieht durch ein Autodafé, was ja wörtlich ‚Akt des Glaubens' heißt, Pangloß wird wie Josephe vom Feuertod zu einer mäßigeren Todesart begnadigt, wie Jeronimo und Josephe überstehen die beiden Helden die Hinrichtung und finden sich wieder). Aber die Fragestellung der Kleist-Erzählung zielt über diesen Stand der Diskussion hinaus, ihr Bezugsfeld ist die neue Ebene der Reflexion, die die „Kritik der Urteilskraft" bereitgestellt hat.

Theodizee
= Problem der Rechtfertigung Gottes

François-Marie Arouet (Voltaire) (1694–1778)
= franz. Philosoph und Schriftsteller, Vertreter der Aufklärung

Gottfried Wilhelm Leibniz (1646–1716)
= deutscher Philosoph und Wissenschaftler

Alexander Pope (1688–1744)
= engl. Dichter des Klassizismus

Aufgabe

1. Informieren Sie sich über das Erdbeben von 1755 und die intellektuelle Debatte, die es nach sich zog.

Lektüretipp

1. Einen guten Überblick über die Diskussion, die sich am Erdbeben von Lissabon entzündete, bietet der Aufsatz „Literaturgeschichte eines Weltereignisses: Das Erdbeben von Lissabon" von Harald Weinrich. In: Harald Weinrich: Literatur für Leser, München: Deutscher Taschenbuch Verlag 1986

Ansicht der Stadt Lissabon, Kupferstich, 1655

Zeitgenössische Abbildung des Erdbebens von Lissabon 1755

Text

Johann Wolfgang von Goethe: Das Erdbeben von Lissabon

Die gewaltige Naturkatastrophe gehörte auch zu den frühesten bleibenden Eindrücken des zum Zeitpunkt des Ereignisses sechsjährigen Johann Wolfgang Goethe. In dem autobiografischen Text „Dichtung und Wahrheit", der die Erinnerungen an die Jahre 1749–1775 wiedergibt und dessen erster Teil 1811 gedruckt vorlag, schildert der Dichter die Zerstörungen und seine kindlichen Reaktionen auf die Berichte.

Durch ein außerordentliches Weltereignis wurde jedoch die Gemütsruhe des Knaben zum erstenmal im Tiefsten erschüttert. Am ersten November 1755 ereignete sich das Erdbeben von Lissabon, und verbreitete über die in Frieden und Ruhe schon eingewohnte Welt einen ungeheuren Schrecken. Eine große prächtige Residenz, zugleich Handels- und Hafenstadt, wird ungewarnt von dem furchtbarsten Unglück betroffen. Die Erde bebt und schwankt, das Meer braust auf, die Schiffe schlagen zusammen, die Häuser stürzen ein, Kirchen und Türme darüber her, der königliche Palast zum Teil wird vom Meere verschlungen, die geborstene Erde scheint Flammen zu speien: denn überall meldet sich Rauch und Brand in den Ruinen. Sechzigtausend Menschen, einen Augenblick zuvor noch ruhig und behaglich, gehen miteinander zugrunde, und der Glücklichste darunter ist der zu nennen, dem keine Empfindung, keine Besinnung über das Unglück mehr gestattet ist. Die Flammen wüten fort, und mit ihnen wütet eine Schar sonst verborgner, oder durch dieses Ereignis in Freiheit gesetzter Verbrecher. Die unglücklichen Übriggebliebenen sind dem Raube, dem Morde, allen Misshandlungen bloßgestellt; und so behauptet von allen Seiten die Natur ihre schrankenlose Willkür.

Schneller als die Nachrichten hatten schon Andeutungen von diesem Vorfall sich durch große Landstrecken verbreitet; an vielen Orten waren schwächere Erschütterungen zu verspüren, an manchen Quellen, besonders den heilsamen, ein ungewöhnliches Innehalten zu bemerken gewesen: um desto größer war die Wirkung der Nachrichten selbst, welche erst im allgemeinen, dann aber mit schrecklichen Einzelheiten sich rasch verbreiteten. Hierauf ließen es die Gottesfürchtigen nicht an Betrachtungen, die Philosophen nicht an Trostgründen, an Strafpredigten die Geistlichkeit nicht fehlen. So vieles zusammen richtete die Aufmerksamkeit der Welt eine Zeitlang auf diesen Punkt, und die durch fremdes Unglück aufgeregten Gemüter wurden durch Sorgen für sich selbst und die Ihrigen um so mehr geängstigt, als über die weitverbreitete Wirkung dieser Explosion von allen Orten und Enden immer mehrere und umständlichere Nachrichten einliefen. Ja vielleicht hat der Dämon des Schreckens zu keiner Zeit so schnell und so mächtig seine Schauer über die Erde verbreitet.

Der Knabe, der alles dieses wiederholt vernehmen musste, war nicht wenig betroffen. Gott, der Schöpfer und Erhalter Himmels und der Erden, den ihm die Erklärung des ersten Glaubensartikels so weise und gnädig vorstellte, hatte sich, indem er die Gerechten mit den Ungerechten gleichem Verderben preisgab, keineswegs väterlich bewiesen. Vergebens suchte das junge Gemüt sich gegen diese Eindrücke herzustellen, welches überhaupt umso weniger möglich war, als die Weisen und Schriftgelehrten selbst sich über die Art, wie man ein solches Phänomen anzusehen habe, nicht vereinigen konnten.

Aufgabe

1. Erläutern Sie die Darstellung des Erdbebens durch Goethe, und erschließen Sie die existenzielle Wirkung, welche die Berichte von der Katastrophe auf den Dichter hatten.

Man hatte infolgedessen einen Biskayer aufgegriffen, der der Ehe mit einer Gevatterin überführt worden war, und zwei Portugiesen, die beim Verzehren eines Huhnes den Speck fortgeworfen hatten: und nach Tisch fesselte man den Doktor Pangloß und seinen Schüler Candide, den einen, weil er gesprochen, den andern, weil er mit beistimmender Miene zugehört hatte; beide wurden getrennt in zwei außerordentlich kühle Gemächer gebracht, in denen einen die Sonne niemals belästigt. Acht Tage später wurden sie beide mit einem Sanbenito bekleidet, ihre Häupter schmückte man mit Papiermitren. Candides Mitra und Sanbenito waren mit umgekehrten Flammen und mit Teufeln ohne Schwanz mit Klauen bemalt; Pangloß' Teufel jedoch hatten Klauen und Schwänze, und die Flammen standen aufrecht. So gekleidet schritten sie in einer Prozession einher und mussten eine sehr pathetische Predigt anhören, der eine schöne Trauermusik folgte. Candide wurde während des Gesanges mit Ruten gepeitscht; der Biskayer und jene beiden, die durchaus keinen Speck hatten essen wollen, wurden verbrannt und Pangloß hängte man, obschon das sonst nicht Brauch war. Selbigen Tages bebte die Erde noch einmal unter fürchterlichem Getöse.

Sanbenito = Armesünderhemd der von der Inquisition Verurteilten

Entsetzt, bestürzt, seiner Sinne nicht mächtig, über und über blutend und zitternd, sagte Candide sich: „Wenn dies die beste aller möglichen Welten ist, wie müssen dann erst die andern sein?"

Text

Immanuel Kant: Über das Erdbeben von Lissabon

Als Menschen, die geboren waren, um zu sterben, können wir es nicht vertragen, dass einige im Erdbeben gestorben sind, und als die hier Fremdlinge sind und kein Eigentum besitzen, sind wir untröstlich, dass Güter verloren worden, die in kurzem durch den allgemeinen Weg der Natur von selbst wären verlassen worden.

Es lässt sich leicht raten: dass, wenn Menschen auf einem Grunde bauen, der mit entzündbaren Materien angefüllt ist, über kurz oder lang die ganze Pracht ihrer Gebäude durch Erschütterungen über den Haufen fallen könne; aber muss man denn darum über die Wege der Vorsehung ungeduldig werden? Wäre es nicht besser also zu urteilen: Es war nötig, dass Erdbeben bisweilen auf dem Erdboden geschähen, aber es war nicht notwendig, dass wir prächtige Wohnplätze darüber erbaueten? Die Einwohner in Peru wohnen in Häusern, die nur in geringer Höhe gemauert sind, und das Übrige besteht aus Rohr. Der Mensch muss sich in die Natur schicken lernen, aber er will, dass sie sich in ihn schicken soll.

Was auch die Ursache der Erdbeben den Menschen auf einer Seite jemals für Schaden erweckt hat, das kann sie ihm leichtlich auf der andern Seite mit Gewinst ersetzen. (…)

Der Anblick so vieler Elenden, als die letztere Katastrophe unter unsern Mitbürgern gemacht hat, soll die Menschenliebe rege machen und uns einen Teil des Unglücks empfinden lassen, welches sie mit solcher Härte betroffen hat. Man verstößt aber gar sehr dawider, wenn man dergleichen Schicksale jederzeit als verhängte Strafgerichte ansieht, die die verheerte Städte um ihrer Übeltaten willen betreffen, und wenn wir diese Unglückselige als das Ziel der Rache Gottes betrachten, über die seine Gerechtigkeit alle ihre Zornschalen ausgießt. Diese Art des Urteils ist ein sträflicher Vorwitz, der sich anmaßt, die Absichten der göttlichen Ratschlüsse einzusehen und nach seinen Einsichten auszulegen.

Gleichwohl sehen wir, dass unendlich viel Bösewichter in Ruhe entschlafen, dass die Erdbeben gewisse Länder von jeher erschüttert haben, ohne Unterschied der alten oder neuen Einwohner, dass das christliche Peru so gut bewegt wird als das heidnische, und dass viele Städte von dieser Verwüstung von Anbeginn befreiet geblieben, die über jene sich keines Vorzuges der Unsträflichkeit anmaßen können.

So ist der Mensch im Dunkeln, wenn er die Absichten erraten will, die Gott in der Regierung der Welt vor Augen hat. Allein wir sind in keiner Ungewissheit, wenn es auf die Anwendung ankommt, wie wir diese Wege der Vorsehung dem Zwecke derselben gemäß gebrauchen sollen. Der Mensch ist nicht geboren, um auf dieser Schaubühne der Eitelkeit ewige Hütten zu erbauen. Weil sein ganzes Leben ein weit edleres Ziel hat, wie schön stimmen dazu nicht alle die Verheerungen, die der Unbestand der Welt selbst in denjenigen Dingen blicken lässt, die uns die größte und wichtigste zu sein scheinen, um uns zu erinnern: dass die Güter der Erde unserm Triebe zur Glückseligkeit keine Genugtuung verschaffen können!

Aufgabe

1. Untersuchen und vergleichen Sie die Texte von Gleim, Voltaire und Kant im Hinblick auf die Sicht des Erdbebens.
2. Vergleichen Sie damit Kleists Deutung des Erdbebens in „Das Erdbeben in Chili".

3 „Unterdessen wurde die Stadt Lissabon ..." – epische Texte vergleichen

Text

Johann Peter Hebel: Unverhofftes Wiedersehen

In Falun in Schweden küsste vor guten fünfzig Jahren und mehr ein junger Bergmann seine junge hübsche Braut und sagte zu ihr: „Auf Sankt Luciä wird uns unsere Liebe von des Priesters Hand gesegnet. Dann sind wir Mann und Weib und bauen uns ein eigenes Nestlein." – „Und Friede und Liebe soll darin wohnen", sagte die schöne Braut mit holdem Lächeln, „denn du bist mein Einziges und Alles, und ohne dich möchte ich lieber im Grab sein, als an einem anderen Ort." Als sie aber vor St. Luciä der Pfarrer zum zweiten Mal in der Kirche ausgerufen hatte: „So nun jemand Hindernis wüsste anzuzeigen, warum diese Personen nicht möchten ehelich zusammenkommen", da meldete sich der Tod. Denn als der Jüngling den andern Morgen in seiner schwarzen Bergmannskleidung an ihrem Haus vorbei ging, der Bergmann hat sein Totenkleid immer an, da klopfte er zwar noch einmal an ihrem Fenster und sagte ihr guten Morgen, aber keinen guten Abend mehr. Er kam nimmer aus dem Bergwerk zurück, und sie saumte vergeblich selbigen Morgen ein schwarzes Halstuch mit rotem Rand für ihn zum Hochzeitstag, sondern als er nimmer kam, legte sie es weg und weinte um ihn und vergaß ihn nie.

Sankt Luciä = Festtag der Heiligen Lucia am 13. Dezember, der bis in die Mitte des 18. Jahrhunderts in Schweden als kürzester Tag und Tag der Wintersonnenwende galt.

Unterdessen wurde die Stadt Lissabon in Portugal durch ein Erdbeben zerstört, und der Siebenjährige Krieg ging vorüber, und Kaiser Franz der Erste starb, und der Jesuitenorden wurde aufgehoben und Polen geteilt, und die Kaiserin Maria Theresia starb, und der Struensee wurde hingerichtet, Amerika wurde frei, und die vereinigte französische und spanische Macht konnte Gibraltar nicht erobern, die Türken schlossen den General Stein in der Veteraner Höhle in Ungarn ein, und der Kaiser Joseph starb auch. Der König Gustav von Schweden eroberte Russisch Finnland, und die Französische Revolution und der lange Krieg fing an, und der Kaiser Leopold der Zweite ging auch ins Grab. Napoleon eroberte Preußen, und die Engländer bombardierten Kopenhagen, und die Ackerleute säeten und schnitten. Der Müller mahlte, und die Schmiede hämmerten, und die Bergleute gruben nach Metalladern in ihrer unterirdischen Werkstatt. Als aber die Bergleute in Falun im Jahr 1809 etwas vor oder nach Johannis zwischen zwei Schachten eine Öffnung durchgraben wollten, gute dreihundert Ellen tief unter dem Boden, gruben sie aus dem Schutt und Vitriolwasser den Leichnam eines Jünglings heraus, der ganz mit Eisenvitriol durchdrungen, sonst aber unverwest und unverändert war; also dass man seine Gesichtszüge und sein Alter noch völlig erkennen konnte, als wenn er erst vor einer Stunde gestorben, oder ein wenig eingeschlafen wäre an der Arbeit. Als man ihn aber zu Tag ausgefördert hatte, Vater und Mutter, Gefreundte und Bekannte waren schon lange tot, kein Mensch wollte den schlafenden Jüngling kennen oder etwas von seinem Unglück wissen, bis die ehemalige Verlobte des Bergmanns kam, der eines Tages auf die Schicht gegangen war und nimmer zurückkehrte. Grau und zusammengeschrumpft kam sie an einer Krücke an den Platz und erkannte ihren Bräutigam; und mehr mit freudigem Entzücken als mit Schmerz sank sie auf die geliebte Leiche nieder, und erst als sie sich von einer langen heftigen Bewegung des Gemüts erholt hatte: „Es ist mein Verlobter", sagte sie endlich, „um den ich fünfzig Jahre lang getrauert hatte und den mich Gott noch einmal sehen lässt vor meinem Ende. Acht Tage vor der Hochzeit ist er unter die Erde gegangen und nimmer herauf gekommen." Da wurden die Gemüter aller Umstehenden von Wehmut und Tränen ergriffen, als sie sahen die ehemalige Braut jetzt in der Gestalt des hingewelkten kraftlosen Alters und den Bräutigam noch in seiner jugendlichen Schöne, und wie in ihrer Brust nach 50 Jahren die Flamme der jugendlichen Liebe noch einmal erwachte; aber er öffnete den Mund nimmer zum Lächeln oder die Augen zum Wiedererkennen; und wie sie ihn endlich von den Bergleuten in ihr Stüblein tragen ließ, als die Einzige, die ihm angehöre und ein Recht an ihn habe, bis sein Grab gerüstet sei auf dem Kirchhof. Den andern Tag, als das Grab gerüstet war auf dem Kirchhof und ihn die Bergleute holten, schloss sie ein Kästlein auf, legte sie ihm das schwarzseidene Halstuch mit roten Streifen um und begleitete ihn alsdann in ihrem Sonntagsgewand, als wenn es ihr Hochzeitstag und nicht der Tag seiner Beerdigung wäre. Denn als man ihn auf dem Kirchhof ins Grab legte, sagte sie: „Schlafe nun wohl, noch einen Tag oder zehen im kühlen Hochzeitbett, und lass dir die Zeit nicht lange werden. Ich habe nur noch wenig zu tun und komme bald, und bald wird's wieder Tag. Was die Erde einmal wieder gegeben hat, wird sie zum zweitenmal auch nicht behalten", sagte sie, als sie fortging und noch einmal umschaute.

(Sankt) Johannis = Der Johannistag (24. Juni) erinnert an die Geburt Johannes des Täufers

Aufgabe

1. Analysieren Sie Johann Peter Hebels „Unverhofftes Wiedersehen" (1812). Achten Sie besonders auf die Zeitgestaltung.

2. Vergleichen Sie Hebels „Unverhofftes Wiedersehen" (1812) und Kleists „Das Erdbeben in Chili" (1810) im Hinblick auf Gemeinsamkeiten und Unterschiede in der Darstellung und Deutung der menschlichen Existenz. Tragen Sie Ihre Ergebnisse in die Tabelle auf S. 30 ein.

Gemeinsamkeiten
Entstehungszeit der Texte zu Beginn des 18. Jahrhunderts; nahezu zeitgleiches Jahr der Veröffentlichung

Unterschiede	
Kleist: „Erdbeben in Chili“ (1807/1810)	**Hebel: „Unverhofftes Wiedersehen“** (1812)
Naturkatastrophe ist Ausgangspunkt der Erzählung.	Naturkatastrophe steht am Anfang der Aufzählung von welthistorischen Ereignissen im 2. Teil der Erzählung.

Text

Kalendergeschichte, kurze, volkstüml., meist realitätsbezogene Erzählung, oft unterhaltend und stets didaktisch orientiert; sie vereinigt mit wechselnder Gewichtung Elemente aus ↑Anekdote, ↑Schwank, ↑Legende, ↑Sage, Tatsachenbericht und ↑Satire. Sie entstand im Zusammenhang mit der Entwicklung des gedruckten ↑Kalenders und der Lesebedürfnisse seines Publikums im 16. Jh. und wird seither auch als eigenständige Gattung künstler. Erzählprosa erkannt. Bis ins 19. Jh. blieb sie an die Publikationsform des Kalenders gebunden. Bedeutende Verfasser von K.n in diesem Rahmen waren J. J. Ch. v. Grimmelshausen u. J. P. Hebel, im 19. Jh. außer den Hrsgn. wie A. Stolz, B. Auerbach u. L. Anzengruber z. B. auch J. Gotthelf u. P. Rosegger. Die erfolgreichsten K.n wurden schon im 19. Jh. aus den Kalendern herausgelöst u. in bes. Sammelbänden publiziert (z. B. J. P. Hebels „Schatzkästlein“, 1811 u. ö. L. Anzengrubers K.n, 1882). Im 20. Jh. hat die K. sich dann vielfach ganz von der Bindung an den Kalender getrennt u. tritt jetzt als selbständige Kunstform auf, sei es einzeln in Zeitschriften u. Anthologien o. ä., sei es zusammengefasst in Buchform, so z. B. die „K.n“ von O. M. Graf (1929), K. H. Waggerl (1937) u. B. Brecht (1949) oder auch der „Schulzenhofer Kramkalender“ von E. Strittmatter (1966).

Aufgabe

1. Hebels Geschichte gehört zum literarischen Genre der Kalendergeschichte. Weisen Sie die Merkmale am Text „Unverhofftes Wiedersehen“ nach.

Kompetenzen

Was Sie wissen müssen:

- inhaltliche und formale Aspekte der Textanalyse (Figurengestaltung und -darstellung, Erzählperspektive / Erzählweise)
- Thema, Bild-/Motivbereiche sowie Aufbau der Novelle „Das Erdbeben in Chili“
- zeitgenössische Reaktionen auf das Erdbeben von Lissabon im Jahre 1755 (Voltaire, Kant)
- wesentliche Merkmale von Novellen und Kalendergeschichten

Was Sie können müssen:

- einen literarischen Text aspektorientiert erschließen
- Textsorten (Novelle, Erzählung, Kalendergeschichte) bestimmen
- einen literaturwissenschaftlichen Sachtext auswerten
- Texte thematisch vergleichen
- literarische und Sachtexte zur Bewertung eines literarischen Textes heranziehen

„Die kurze, überraschende Wendung“ – Heinrich von Kleist: Anekdoten

Problemhorizont

Die Anekdoten Heinrich von Kleists

Sowohl Heinrich von Kleist als auch sein Zeitgenosse Johann Peter Hebel, dessen Kalendergeschichte „Unverhofftes Wiedersehen“ Sie in diesem Heft bereits kennengelernt haben, gehören zu den herausragenden Vertretern des anekdotischen Erzählens. Dass die Wende vom 18. zum 19. Jahrhundert für die Ausprägung der Gattung besonders fruchtbar gewesen ist, hängt sicher mit der Konzentration der Philosophie der Aufklärung auf das Individuum und mit dessen politischer, wirtschaftlicher und sozialer Aufwertung nach der bürgerlichen Revolution zusammen.

Kleist bezog die Stoffe für seine Anekdoten vielfach aus Zeitungsnachrichten. Meistens veröffentlichte er seine Anekdoten in den von ihm herausgegebenen „Berliner Abendblätter“. Die Länge seiner Anekdoten variiert stark – von ganz kurzen Texten über Texte, die schon eine kleine Kurzgeschichte darstellen.

Aufgabe zur Selbsteinschätzung

1. Rufen Sie sich zwei Anekdoten, die Sie kennen, in Erinnerung. Erläutern Sie, welche Funktion Anekdoten auch in Alltagsgesprächen haben.

2. Beschreiben Sie stichwortartig aufgrund Ihrer Vorkenntnisse die Unterschiede zwischen Witz, Aphorismus und Anekdote.

Witz	Aphorismus	Anekdote

1 „Ein merkwürdiger Vorfall …“ – Textsorte Anekdote bestimmen

Text

Theodor Fontane: „Alles Brauchbarste, was ich weiß …“

In seinen Jugenderinnerungen „Aus meiner Kinderzeit“ schildert Theodor Fontane den häuslichen Geschichts- und Geografieunterricht, den ihm sein Vater, ein Apotheker, erteilt.

„Wirst du das auch können, Louis?“, hatte meine Mutter gefragt.
„Können? Was heißt können! Natürlich kann ich es. Immer das alte Misstrauen.“
„Es ist noch keine 24 Stunden, dass du selbst voller Zweifel warst.“

„Da werd ich wohl keine Lust gehabt haben. Aber, wenn es darauf ankommt, ich verstehe die Pharmacopoea borussica so gut wie jeder andere, und in meiner Eltern Haus wurde französisch gesprochen. Und das andere, davon zu sprechen, wäre lächerlich. Du weißt, dass ich da zehn Studierte in den Sack stecke.“

Pharmacopoea borussica = preußische Arzneibücher

Und wirklich, es kam zu solchen Stunden, die sich, wie schon hier erwähnt werden mag, auch noch fortsetzten, als eine Benötigung dazu nicht mehr vorlag, und so sonderbar diese Stunden waren, so hab ich doch mehr dabei gelernt als bei manchem berühmten Lehrer. Mein Vater griff ganz willkürlich Dinge heraus, die er von lange her auswendig wusste oder vielleicht auch erst am selben Tage gelesen hatte, dabei das Geografische mit dem Historischen verquickend, natürlich immer so, dass seine bevorzugten Themata schließlich dabei zu ihrem Rechte kamen. Etwa so.

„Du kennst Ost- und Westpreußen?“
„Ja, Papa; das ist das Land, wonach Preußen Preußen heißt und wonach wir alle Preußen heißen.“
„Sehr gut, sehr gut; ein bisschen viel Preußen, aber das schadet nichts. Und du kennst auch die Hauptstädte beider Provinzen?“
„Ja, Papa; Königsberg und Danzig.“
„Sehr gut. In Danzig bin ich selber gewesen und beinahe auch in Königsberg – bloß es kam was dazwischen. Und hast du mal gehört, wer Danzig nach tapferer Verteidigung durch unseren General Kalkreuth doch schließlich eroberte?“ (…)

So verliefen die Geografiestunden, immer mit geschichtlichen Anekdoten abschließend. Am liebsten jedoch fing er gleich mit dem Historischen an oder doch mit dem, was ihm Historie schien. Ich muss dabei seiner ausgesprochenen Vorliebe für alle Ereignisse samt den dazu gehörigen Personen, die zwischen der Belagerung von Toulon und der Gefangenschaft auf St. Helena lagen, Erwähnung tun. Auf diese Personen und Dinge griff er immer wieder zurück. Seine Lieblinge hab ich schon in einem früheren Kapitel genannt, obenan Ney und Lannes, aber einen, der seinem Herzen vielleicht noch näher stand, hab ich doch bei jener ersten Aufzählung zu nennen vergessen, und dieser eine war Latour d'Auvergne, von dem er mir schon in unsern Ruppiner Tagen allerlei Geschichten erzählt hatte. Das wiederholte sich jetzt. Latour d'Auvergne, so hieß es in diesen seinen Erzählungen, habe den Titel geführt: „Le premier grenadier de France oder erster Grenadier von Frankreich“, als welcher er, trotzdem er Generalsrang gehabt, immer in Reih und Glied, und zwar unmittelbar neben dem rechten Flügelmann der alten Garde gestanden habe. Als er dann aber in dem Treffen bei Neuburg gefallen sei, habe Napoleon angeordnet, dass das Herz des „Ersten Grenadiers“ in eine Urne getan und bei der Truppe mitgeführt, sein Name Latour d'Auvergne aber bei jedem Appell immer aufs Neue mit aufgerufen werde, wobei dann der jedesmalige Flügelmann Order gehabt habe, statt des „Ersten Grenadiers“ zu antworten und Auskunft zu geben, wo er sei. Das war ungefähr das, was ich von meinem Vater her längst auswendig wusste; seine Vorliebe für diese Gestalt aber war so groß, dass er, wenn's irgend ging, immer wieder auf diese zurückkam und dieselben Fragen tat. Oder richtiger noch, immer wieder dieselbe Szene inszenierte. Denn es war eine Szene.
„Kennst du Latour d'Auvergne?“, so begann er dann in der Regel.
„Gewiss. Er war *Le premier grenadier de France*.“
„Gut. Und weißt du auch, wie man ihn ehrte, als er schon tot war?“
„Gewiss.“
„Dann sage mir, wie es war.“
„Ja, dann musst du aber erst aufstehn, Papa, und Flügelmann sein; sonst geht es nicht.“

Und nun stand er auch wirklich von seinem Sofaplatz auf und stellte sich als Flügelmann der alten Garde militärisch vor mich hin, während ich selbst, Knirps der ich war, die Rolle des appellabnehmenden Offiziers spielte. Und nun aufrufend begann ich:

„Latour d'Auvergne!"
„Il n'est pas ici", antwortete mein Vater in tiefstem Bass.
„Où est-il donc?"
„Il est mort sur le champ d'honneur."

Es kam vor, dass meine Mutter diesen eigenartigen Unterrichtstunden beiwohnte – nur das mit Latour d'Auvergne wagten wir nicht in ihrer Gegenwart – und bei der Gelegenheit durch ihr Mienenspiel zu verstehen gab, dass sie diese ganze Form des Unterrichts, die mein Vater mit einem unnachahmlichen Gesichtsausdruck seine „sokratische Methode" nannte, höchst zweifelhaft finde. Sie hatte aber in ihrer in diesem Stück und auch sonst noch ganz konventionellen Natur total Unrecht, denn um es noch einmal zu sagen, ich verdanke diesen Unterrichtsstunden, wie den daran anknüpfenden gleichartigen Gesprächen, eigentlich alles Beste, jedenfalls alles Brauchbarste, was ich weiß. Von dem, was mir mein Vater beizubringen verstand, ist mir nichts verlorengegangen und auch nichts unnütz für mich gewesen. Nicht bloß gesellschaftlich sind mir in einem langen Leben diese Geschichten hundertfach zugute gekommen, auch bei meinen Schreibereien waren sie mir immer wie ein Schatzkästlein zur Hand, und wenn ich gefragt würde, welchem Lehrer ich mich so recht eigentlich zu Dank verpflichtet fühle, so würde ich antworten müssen: meinem Vater, meinem Vater, der sozusagen gar nichts wusste, mich aber mit dem aus Zeitungen und Journalen aufgepickten und über alle möglichen Themata sich verbreitenden Anekdotenreichtum unendlich viel mehr unterstützt hat als alle meine Gymnasial- und Realschullehrer zusammengenommen. Was die mir geboten, auch wenn es gut war, ist so ziemlich wieder von mir abgefallen; die Geschichten von Ney und Rapp aber sind mir bis diese Stunde geblieben.

Aufgabe

1. Fassen Sie zusammen, welchen Stellenwert Fontane der Anekdote beimisst.

Text

Heinrich von Kleist: Anekdote

Bach, als seine Frau starb, sollte zum Begräbnis Anstalten machen. Der arme Mann war aber gewohnt, alles durch seine Frau besorgen zu lassen; dergestalt, dass da ein alter Bedienter kam, und ihm für Trauerflor, den er einkaufen wollte, Geld abforderte, er unter stillen Tränen, den Kopf auf einen Tisch gestützt, antwortete: „sagt's meiner Frau." –

Text

Heinrich von Kleist: Tagesbegebenheit

Dem Kapitän v. Bürger, vom ehemaligen Regiment Tauentzien, sagte der, auf der neuen Promenade erschlagene Arbeitsmann Brietz: der Baum, unter dem sie beide ständen, wäre auch wohl zu klein für zwei, und er könnte sich wohl unter einen anderen stellen. Der Kapitän Bürger, der ein stiller und bescheidener Mann ist, stellte sich wirklich unter einen andern: worauf der 2c. Brietz unmittelbar darauf vom Blitz getroffen und getötet ward.

Text

Heinrich von Kleist: Mutterliebe

Zu St. Omer im nördlichen Frankreich ereignete sich im Jahr 1803 ein merkwürdiger Vorfall. Daselbst fiel ein großer toller Hund, der schon mehrere Menschen beschädigt hatte, über zwei, unter einer Haustür spielende, Kinder her. Eben zerreißt er das jüngste, das sich, unter seinen Klauen, im Blute wälzt; da erscheint, aus einer Nebenstraße, mit einem Eimer Wasser, den sie auf dem Kopf trägt, die Mutter. Diese, während der Hund die Kinder loslässt, und auf sie zuspringt, setzt den Eimer neben sich nieder; und außerstand zu fliehen, entschlossen, das Untier mindestens mit sich zu verderben, umklammert sie, mit Gliedern, gestählt von Wut und Rache, den Hund: sie erdrosselt ihn, und fällt, von grimmigen Bissen zerfleischt, ohnmächtig neben ihm nieder. Die Frau begrub noch ihre Kinder und ward, in wenig Tagen, da sie an der Tollwut starb, selbst zu ihnen ins Grab gelegt.

Aufgabe

1. Leiten Sie aus den drei Anekdoten eine vorläufige Definition der Textsorte ab.

2 „Da ist gutes Trinkgeld zu verdienen ...“ – Kleists Anekdoten in den historischen Kontext einordnen

Text

Heinrich von Kleist: Anekdote aus dem letzten preußischen Kriege

In einem bei Jena liegenden Dorf, erzählte mir, auf einer Reise nach Frankfurt, der Gastwirt, dass sich mehrere Stunden nach der Schlacht, um die Zeit, da das Dorf schon ganz von der Armee des Prinzen von Hohenlohe verlassen und von Franzosen, die es für besetzt gehalten, umringt gewesen wäre, ein einzelner preußischer Reiter darin gezeigt hätte; und versicherte mir, dass wenn alle Soldaten, die an diesem Tage mitgefochten, so tapfer gewesen wären, wie dieser, die Franzosen hätten geschlagen werden müssen, wären sie auch noch dreimal stärker gewesen, als sie in der Tat waren. Dieser Kerl, sprach der Wirt, sprengte, ganz von Staub bedeckt, vor meinen Gasthof, und rief: „Herr Wirt!“ und da ich frage: was gibts? „ein Glas Branntewein!“ antwortet er, indem er sein Schwert in die Scheide wirft: „mich dürstet.“ Gott im Himmel! sag ich: will er machen, Freund, dass er wegkömmt? Die Franzosen sind ja dicht vor dem Dorf! „Ei, was!“ spricht er, indem er dem Pferde den Zügel über den Hals legt. „Ich habe den ganzen Tag nichts genossen!“ Nun er ist, glaub ich, vom Satan besessen –! He! Liese! rief ich, und schaff ihm eine Flasche Danziger herbei, und sage: da! und will ihm die ganze Flasche in die Hand drücken, damit er nur reite. „Ach, was!“ spricht er, indem er die Flasche wegstößt, und sich den Hut abnimmt: „wo soll ich mit dem Quark hin?“ Und: „schenk er ein!“ spricht er, indem er sich den Schweiß von der Stirn abtrocknet: „denn ich habe keine Zeit!“ Nun er ist ein Kind des Todes, sag ich. Da! sag ich, und schenk ihm ein; da! trink er und reit er! Wohl mags ihm bekommen: „Noch eins!“ spricht der Kerl; während die Schüsse schon von allen Seiten ins Dorf prasseln. Ich sage: noch eins? Plagt ihn –! „Noch eins!“ spricht er, und streckt mir das Glas hin – „Und gut gemessen“, spricht er, indem er sich den Bart wischte und sich vom Pferde herab schneuzt: „denn es wird bar bezahlt!“ Ei, mein Seel, so wollt ich doch, dass ihn –! Da! sag ich, und schenk ihm noch, wie er verlangt, ein zweites, und schenk ihm, da er getrunken, noch ein drittes ein, und frage: ist er nun zufrieden? „Ach!“ – schüttelt sich der Kerl. „Der Schnaps ist gut! – Na!“ spricht er, und setzt sich den Hut auf: „was bin ich schuldig?“ Nichts! nichts! versetz ich. Pack er sich, ins Teufelsnamen; die Franzosen ziehen augenblicklich ins Dorf! „Na!“ sagt er, indem er in seinen Stiefel greift: „so solls ihm Gott lohnen“, und holt, aus dem Stiefel, einen Pfeifenstummel hervor, und spricht, nachdem er den Kopf ausgeblasen: „schaff er mir Feuer!“ Feuer? sag ich: plagt ihn –? „Feuer, ja!“ spricht er: „denn ich will mir eine Pfeife Tabak anmachen.“ Ei, den Kerl reiten Legionen –! He, Liese, ruf ich das Mädchen! und während der Kerl sich die Pfeife stopft, schafft das Mensch ihm Feuer. „Na!“ sagt der Kerl, die Pfeife, die er sich angeschmaucht, im Maul: „nun sollen doch die Franzosen die Schwerenot kriegen!“ Und damit, indem er sich den Hut in die Augen drückt, und zum Zügel greift, wendet er das Pferd und zieht von Leder. Ein Mordkerl! sag ich; ein verfluchter, verwetterter Galgenstrick! Will er sich ins Henkers Namen scheren, wo er hingehört? Drei Chasseurs – sieht er nicht? halten ja schon vor dem Tor? „Ei was!“ spricht er, indem er ausspuckt; und fasst die drei Kerls blitzend ins Auge. „Wenn ihrer zehen wären, ich fürcht mich nicht.“ Und in dem Augenblick reiten auch die drei Franzosen schon ins Dorf. „Bassa Manelka!“ ruft der Kerl, und gibt seinem Pferde die Sporen und sprengt auf sie ein; sprengt, so wahr Gott lebt, auf sie ein, und greift sie, als ob er das ganze Hohenlohische Korps hinter sich hätte, an; dergestalt, dass, da die Chasseurs, ungewiss, ob nicht noch mehr Deutsche im Dorf sein mögen, einen Augenblick, wider ihre Gewohnheit, stutzen, er, mein Seel, ehe man noch eine Hand umkehrt, alle drei vom Sattel haut, die Pferde, die auf dem Platz herumlaufen, aufgreift, damit bei mir vorbeisprengt, und: „Bassa Teremtetem!“ ruft, und: „Sieht er wohl, Herr Wirt?“ und „Adies!“ und „auf Wiedersehn!“ und: „hoho! hoho! hoho!“ – – So einen Kerl, sprach der Wirt, habe ich zeit meines Lebens nicht gesehen.

Danziger = Danziger Goldwasser, Schnapssorte

Chasseur = französischer berittener Soldat

Aufgabe

1. Halten Sie die Aussage der Anekdote in einem Satz fest. Informieren Sie sich über den historischen Hintergrund. Beziehen Sie die Abbildungen und die Zeittafel auf S. 36/37 mit ein.
2. Erläutern Sie, welche Wirkung Kleist mit dieser Geschichte erzielen will.

- Spannende / schöne Musik
- schnelle Klatsche
- erzählen
- Schüsse
- Flüstert zu Frau
- beeindruckt

Edme Bovinet (1767–1832): Die Schlacht bei Jena und Auerstedt 1806, Kupferstich

Charles Meynier (1786–1832): Einzug Napoleons durch das Brandenburger Tor nach der siegreichen Schlacht von Jena und Auerstedt, 1810, Öl auf Leinwand

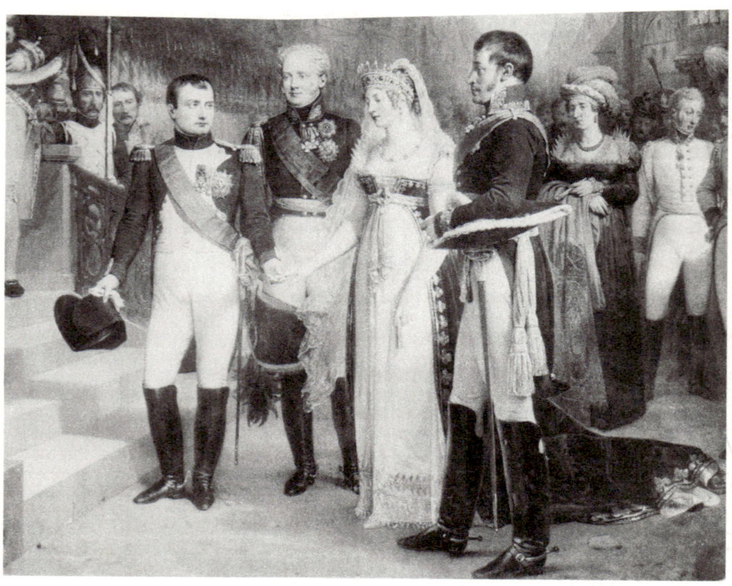

Nicolas Gosse (1787–1878): Napoleon I. begegnet Königin Luise von Preußen anlässlich des Friedens von Tilsit 1807, 1837, Öl auf Leinwand

Text

Zeittafel

1789	Sturm auf die Bastille in Paris
1792	Erster Koalitionskrieg: Preußen kämpft zusammen mit Österreich und Großbritannien gegen das seit 1789 von Revolutionären regierte Frankreich. Als es den Koalitionstruppen in der Kanonade von Valmy nicht gelingt, die Franzosen zu besiegen, zieht Preußen seine Truppen zurück.
1795	Preußen schließt Sonderfrieden mit Frankreich und bleibt in den folgenden Jahren Preußen gegenüber neutral.
1804	Napoleon lässt sich zum Kaiser von Frankreich krönen.
1805–1807	Napoleon rückt in Süddeutschland ein und schlägt im Dezember 1805 Österreich sowie dessen Verbündeten Russland vernichtend (Schlacht bei Austerlitz). Im August 1806 erklärt der deutsche Kaiser Franz II. das Heilige Römische Reich deutscher Nation für aufgelöst. Kurz darauf stellt Friedrich Wilhelm III. von Preußen – Preußens militärische Schlagkraft überschätzend – Napoleon ein Ultimatum: Frankreich habe seine Truppen aus Süddeutschland abzuziehen. Daraufhin kommt es am 14. Oktober 1805 zur Schlacht bei Jena und Auerstedt. Das preußische Heer wird vernichtend geschlagen. Der König und seine Frau Luise flüchten nach Memel. Am 27. Oktober zieht Napoleon im Triumph in Berlin ein – Preußen wird von den Franzosen besetzt.
1807	Frieden von Tilsit wird abgeschlossen. Preußen verliert die Hälfte seines Staatsgebietes.
1807–1809	Unter dem Druck der Verhältnisse wird Preußen reformiert: Aufhebung der Leibeigenschaft, Einführung der Gewerbefreiheit, Gleichstellung der Juden, Heeresreform (Entlassung unfähiger Offiziere, Verbesserung von Ausbildung und Taktik), Bildungsreformen unter Wilhelm von Humboldt.
1812/1813	Die Befreiungskriege beginnen: Nach dem gescheiterten französischen Russlandfeldzug schließt Friedrich Wilhelm III. ein Bündnis mit dem französischen Zaren und fordert sein Volk zum Kampf gegen die französischen Besatzer auf. In der Völkerschlacht bei Leipzig wird das französische Heer von einer Allianz aus Österreich, Russland und Preußen vernichtend geschlagen. Das napoleonische Herrschaftssystem in Deutschland ist am Ende.

Zeitgenössische Darstellung der Völkerschlacht bei Leipzig 1813, Holzstich um 1900

Text

Bei seinen Anekdoten griff Kleist häufig auf Zeitungsmeldungen, wie die folgende zurück.

Vor geraumer Zeit kam Jemand unaufgefordert zu einem französischen Kommandanten in den preußischen Staaten, und wollte ihm verraten, wo man eine Quantität Bauholz verborgen habe. Der brave Kommandant wies ihn ab, und sagte: „Lassen Sie Ihrem guten Könige dieses Holz, damit er einst Galgen bauen könne, um solche niederträchtigen Verräter, wie Sie sind, daran aufzuhängen."

Text

Heinrich von Kleist: Franzosen-Billigkeit

(wert in Erz gegraben zu werden)

Zu dem französischen General *Hulin* kam, während des Kriegs, ein ... Bürger, und gab, behufs einer kriegsrechtlichen Beschlagnehmung, zu des Feindes Besten, eine Anzahl, im Pontonhof liegender, Stämme an. Der General, der sich eben anzog, sagte: Nein, mein Freund; diese Stämme können wir nicht nehmen. – „Warum nicht?" fragte der Bürger. „Es ist königliches Eigentum." – Eben darum, sprach der General, indem er ihn flüchtig ansah. Der König von Preußen braucht dergleichen Stämme, um solche Schurken daran hängen zu lassen, wie er. –

Text

Johann Peter Hebel: Schlechter Lohn

Als im letzten preußischen Krieg der Franzos nach Berlin kam, in die Residenzstadt des Königs von Preußen, da wurde unter anderm viel königliches Eigentum weggenommen, und fortgeführt oder verkauft. Denn der Krieg bringt nichts, er holt. Was noch so gut verborgen war, wurde entdeckt und manches davon zur Beute gemacht, doch nicht alles. Ein großer Vorrat von königlichem Bauholz blieb lange unverraten und unversehrt. Doch kam zuletzt noch ein Spitzbube von des Königs eigenen Untertanen, dachte, da ist ein gutes Trinkgeld zu verdienen, und zeigte dem französischen Kommandanten mit schmunzlicher Miene und spitzbübischen Augen an, was für ein schönes Quantum von eichenen und tannenen Baustämmen noch da und da beisammenliege, woraus manch tausend Gulden zu lösen wäre. Aber der brave Kommandant gab schlechten Dank für die Verräterei, und sagte: „Lasst Ihr die schönen Baustämme nur liegen, wo sie sind. Man muss dem Feind nicht sein Notwendigstes nehmen. Denn wenn Euer König wieder ins Land kommt, so braucht er Holz zu neuen Galgen für so ehrliche Untertanen, wie Ihr einer seid."

Das muss der Rheinländische Hausfreund loben, und wollte gern aus seinem eigenen Wald ein paar Stämmlein auch hergeben, wenn's fehlen sollte.

Aufgabe

1. Vergleichen Sie die beiden Anekdoten im Hinblick auf inhaltliche Gemeinsamkeiten und Unterschiede.
2. Analysieren Sie beide Texte im Hinblick auf die Bedeutung der erzählten Geschichte und ihrer Pointen.
3. Wie gibt sich Kleist als preußischer Patriot zu erkennen?
4. Arbeiten Sie an den beiden Texten die den Definitionen (vgl. S. 38/39) nach typischen Gattungsmerkmale der Anekdote heraus.
5. Weisen Sie nach, in welcher Weise auch Kleists „Das Erdbeben in Chili" Merkmale des Anekdotischen aufweist.

Text

Anekdote, das ist die kurze, überraschende Wende. (Heinz Schaffer)

Text

Anekdote, f. (gr. anékdota = nicht Herausgegebenes), ursprünglich Titel einer gegen Kaiser Justinian und Theodora gerichteten Schrift „Anekdota“ (lat. „Arcana Historia“) des Prokopios von Cäsarea (6. Jh.) mit entlarvenden Geschichten über den byzantin. Hof., die er in seiner offiziellen Geschichte der Regierung Justinians nicht veröffentlicht hatte. In den beiden hier implizierten Bedeutungen wird A. später gebraucht:

1. im Sinne von lat. inedita (= nicht veröffentlicht) als Titel von Editionen vordem noch nicht editierter Manuskripte; in der Neuzeit erstmals bei L. A. Muratori 1697 für die Edition von Handschriften der Ambrosian. Bibliothek, dann u. a. bei Max F. Müller („Anecdota Oxoniensa“, 1881) für bisher ungedruckte Handschriften der Bodleyan. Bibliothek zu Oxford.

2. im Sinne von *Geschichtchen*, so erstmals in der franz. Memoirenliteratur des 17. und 18. Jh.s, nach diesem Vorbild in Deutschland zuerst bei K. W. Ramler (1749) und J. G. Herder (1784). Heute bez. A. v. a. eine *ep. Kleinform*, die auf eine überraschende Steigerung oder Wendung (Pointe) hinzielt und in gedrängter sprachl. Form (häufig in Rede und Gegenrede) einen Augenblick zu erfassen sucht, in dem sich menschl. Charakterzüge enthüllen oder die Merkwürdigkeiten oder die tieferen Zusammenhänge einer Begebenheit zutage treten. Die *Pointe* besteht häufig in einer schlagfert. Entgegnung, einer witzigen Aussage, einem Wortspiel oder Paradoxon oder einer unerwarteten Aktion, daher Nähe zu ↑Witz, ↑Aphorismus, ↑Epigramm. – Die A. bildet sich v. a. um histor. Persönlichkeiten und Ereignisse, aber auch um fiktive, jedoch typisierte Gestalten oder allgem. um menschl. Situationen und Haltungen. Dabei ist es zweitrangig, ob das Erzählen histor. verbürgt ist; bedeutsam ist allein, ob es möglich, treffend und charakteristisch ist. Die A. soll im Episod. Typisches (nicht selten mit satir. oder frivolem Einschlag) aufzeigen, sie kann jedoch auch Geheimes, Privat-Intimes mitteilen.

Geschichte. Anekdotenart. Geschichten, sei es als mündl. gepflegte Gebrauchskunst, in einfach-volksmäßß. oder anspruchsvoller literar. Form, werden seit ältester Zeit tradiert. Sie finden (wenn auch nicht unter diesem Begriff verwendung als ↑Exempel in ↑Historie, ↑Gesta, ↑Vita und ↑Chronik, in ↑Rede, ↑Predigt, ↑Traktat und ↑Satire (...) – Die A. als selbständ. literar. Form (die jedoch nicht deutl. gegen ↑Fabel, ↑Schwank, ↑Novelle abzugrenzen ist) entsteht im 14./15. Jh. im Gefolge der ‚novella‘ des Boccaccio und deren Nachahmung. (...) Später findet die A. weite Verbreitung in speziellen Sammlungen, Almanachen und Zeitschriften. Zur hohen, Norm setzenden Kunstform wird sie durch H. von Kleist (in den „Berliner Abendblättern“, 1810/11). Nah verwandt ist die ↑ Kalendergeschichte (M. Claudius im „Wandsbecker Boten“, J. P. Hebel im „Rheinländ. Hausfreund“, J. Gotthelf u. a.). Zu Novelle, ↑Kurzgeschichte oder ↑Short story tendiert die A. im 20. Jh. bei W. Schäfer („A.“, 1908; „Hundert Histörchen“, 1940), P. Ernst („Geschichten von dt. Art“, 1928 u. a.), W. Borchert („An diesem Dienstag“, „Die Hundeblume“, 1947); biograph. A.n schreibt H. Franck („Ein Dichterleben in 111 A.nbuch“, 1954 u. a.). Prägnanz und Nähe zur Realität lassen die A. auch zum Kristallisationspunkt anderer literar. Werke werden: bei Th. Fontane z. B. begegnet die A. als Kunstmittel im Roman (leitmotivartig in „Vor dem Sturm“, 1878); B. Brecht verarbeitet vielfach Anekdotisches („Kalendergeschichten“, „Geschichten von Herrn Keuner“, „Augsburger“ und „Kaukas. Kreidekreis“). Die Zahl populärer A.n., die v. a. Biographisches erfassen und durch den Journalismus verbreitet werden, wird im 19. und 20. Jh. unübersehbar.

Weiterführende Aufgabe

1. Stellen Sie weitere Anekdotenbeispiele der im Text genannten Autoren zusammen. Suchen Sie auch Beispiele für die epischen Kleinformen Witz, Epigramm, Kalendergeschichte.

Text

An Ulrike von Kleist

Königsberg, den 24. Oktober 1806

Wie schrecklich sind diese Zeiten! Wie gern möcht ich, dass Du an meinem Bette säßest, und dass ich Deine Hand hielte; ich fühle mich schon gestärkt, wenn ich an Dich denke! Werdet Ihr flüchten? Es heißt ja, dass der Kaiser den Franzosen alle Hauptstädte zur Plünderung versprochen habe. Man kann kaum an eine solche Raserei der Bosheit glauben. Wie sehr hat sich alles bestätigt, was wir vor einem Jahre schon voraussahen. Man hätte das ganze Zeitungsblatt von heute damals schon schreiben können. Habt Ihr Nachrichten von Leopold und Pannwitz? Vom Regiment Möllendorff sollen ja nur drei Offiziere übriggeblieben sein. Vierzigtausend Mann auf dem Schlachtfelde, und doch kein Sieg! Es ist entsetzlich. Pfuel war, kurze Zeit vor dem Ausbruch des Krieges, Adjutant bei dem General Schmettau geworden, der bei Saalfeld geblieben ist. Was aus ihm geworden ist, weiß ich nicht. Auch von Rühlen habe ich seit drei Wochen keine Nachrichten erhalten. Sie standen beide bei dem Corps des Prinzen Hohenlohe, das, wie es heißt, eingeschlossen und von der Elbe abgeschnitten ist. Man kann nicht ohne Tränen daran denken. (...)

Kein besserer Augenblick für mich, Euch wiederzusehen, als dieser. Wir sänken uns, im Gefühl des allgemeinen Elends, an die Brust, vergäßen und verziehen einander, und liebten uns, der letzte Trost, in der Tat, der, dem Menschen in so fürchterlichen Augenblicken übrig bleibt. Es wäre schrecklich, wenn dieser Wüterich sein Reich gründete. Nur ein sehr kleiner Teil der Menschen begreift, was für ein Verderben es ist, unter seine Herrschaft zu kommen. Wir sind die unterjochten Völker der Römer. Es ist auf eine Ausplünderung von Europa abgesehen, um Frankreich reich zu machen. Doch, wer weiß, wie es die Vorsicht lenkt.

Text

Heinrich von Kleist: Einleitung für die Zeitschrift „Germania“ (1809)

1809 fasste Kleist den Plan, ein patriotisches Wochenblatt herauszugeben. Die Pläne zerschlugen sich – erhalten sind nur einige fragmentarische Texte wie die folgende „Einleitung“ und „Katechismus der Deutschen“.

Diese Zeitschrift soll der erste Atemzug der deutschen Freiheit sein. Sie soll alles aussprechen was, während der drei letzten, unter dem Druck der Franzosen verseufzten, Jahre, in den Brüsten wackerer Deutscher, hat verschwiegen bleiben müssen: alle Besorgnis, alle Hoffnung, alles Elend und alles Glück.

Es bedurfte einer Zeit, wie die jetzige, um einem Blatt, wie das vorliegende ist, das Dasein zu geben. Solange noch keine Handlung des Staates geschehen war, musste es jedem Deutschen, der seine Worte zu Rate hielt, ebenso voreilig, als nutzlos erscheinen, zu seinen Mitbrüdern zu reden. Eine solche Stimme würde entweder völlig in der Wüste verhallt sein; oder – welches fast noch schlimmer gewesen wäre – die Gemüter nur auf die Höhen der Begeisterung erhoben haben, um sie, in dem zunächst darauf folgenden Augenblick, in eine desto tiefere Nacht der Gleichgültigkeit und Hoffnungslosigkeit versinken zu lassen.

Jetzt aber hat der Kaiser von Österreich, an der Spitze seines tapferen Heeres, den Kampf für seiner Untertanen Wohl und den noch großmütigeren, für das Heil des unterdrückten, und bisher noch wenig dankbaren, Deutschlands unternommen. (...)

Jetzt, oder niemals, ist es Zeit, den Deutschen zu sagen, was sie ihrerseits zu tun haben, um der erhabenen Vormundschaft, die sich über sie eingesetzt hat, allererst würdig zu werden: und dieses Geschäft ist es, das wir, von der Lust, am Guten mitzuwirken, in den Blättern der „Germania“ haben übernehmen wollen.

Hoch, auf dem Gipfel der Felsen, soll sie sich stellen und den Schlachtgesang herab donnern ins Tal! Dich, o Vaterland, will sie singen; und deine Heiligkeit und Herrlichkeit; und welch ein Verderben seine Wogen auf dich heranwälzt! Sie will herabsteigen, wenn die Schlacht braust, und sich, mit hochrot glühenden Wangen, unter die Streitenden mischen, und ihren Mut beleben, und ihnen Unerschrockenheit und Ausdauer und des Todes Verachtung ins Herz gießen; – – und die Jungfrauen des Landes herbeirufen, wenn der Sieg erfochten ist, dass sie sich niederbeugen, über die, so gesunken sind, und ihnen das Blut aus der Wunde saugen. Möge jeder, der sich bestimmt fühlt, dem Vaterlande auf *diese* Weise zu (Fortsetzung fehlt.)

Aufgabe

1. Lesen Sie die Kleist-Texte. Fassen Sie Kleists politische Überzeugungen in zwei, drei Sätzen zusammen. Erörtern Sie, ob sich vor diesem Hintergrund Kleists Anekdote „Mutterliebe“ als Allegorie auf die Vaterlandsverteidigung interpretieren lässt.

Text

Heinrich von Kleist: Katechismus der Deutschen

Erstes Kapitel – Von Deutschland überhaupt

Frage	Sprich, Kind, wer bist du?
Antwort	Ich bin ein Deutscher.
Fr.	Ein Deutscher? Du scherzest. Du bist in Meißen geboren, und das Land, dem Meißen angehört, heißt Sachsen!
Antw.	Ich bin in Meißen geboren und das Land, dem Meißen angehört, heißt Sachsen; aber mein Vaterland, das Land dem Sachsen angehört, ist Deutschland, und dein Sohn, mein Vater, ist ein Deutscher.
Fr.	Du träumst! Ich kenne kein Land, dem Sachsen angehört, es müsste denn das rheinische Bundesland sein. Wo find ich es, dies Deutschland, von dem du sprichst, und wo liegt es?
Antw.	Hier, mein Vater. – Verwirre mich nicht.
Fr.	Wo?
Antw.	Auf der Karte.
Fr.	Ja, auf der Karte! – Diese Karte ist vom Jahr 1805. – Weißt du nicht, was geschehen ist, im Jahr 1805, da der Friede von Preßburg abgeschlossen war?
Antw.	Napoleon, der korsische Kaiser, hat es, nach dem Frieden, durch eine Gewalttat zertrümmert.
Fr.	Nun? Und gleichwohl wäre es noch vorhanden?
Antw.	Gewiss! – Was fragst du mich doch.
Fr.	Seit wann?
Antw.	Seit Franz der Zweite, der alte Kaiser der Deutschen, wieder aufgestanden ist, um es herzustellen, und der tapfe Feldherr, den er bestellte, das Volk aufgerufen hat, sich an die Heere, die er anführt, zur Befreiung des Landes, anzuschließen.

Zweites Kapitel – Von der Liebe zum Vaterland

Fr.	Du liebst dein Vaterland, nicht wahr, mein Sohn?
Antw.	Ja, mein Vater; das tu ich.
Fr.	Warum liebst du es?
Antw.	Weil es mein Vaterland ist.
Fr.	Du meinst, weil Gott es gesegnet hat mit vielen Früchten, weil viele schöne Werke der Kunst es schmücken, weil Helden, Staatsmänner und Weise, deren Namen anzuführen kein Ende ist, es verherrlicht haben?
Antw.	Nein, mein Vater; du verführst mich.
Fr.	Ich verführte dich?
Antw.	– Denn Rom und das ägyptische Delta sind, wie du mich gelehrt hast, mit Früchten und schönen Werken der Kunst, und allem, was groß und herrlich sein mag, weit mehr gesegnet, als Deutschland. Gleichwohl, wenn deines Sohnes Schicksal wollte, dass er darin leben sollte, würde er sich traurig fühlen und es nimmermehr so lieb haben, wie jetzt Deutschland.
Fr.	Warum also liebst du Deutschland?
Antw.	Mein Vater, ich habe es dir schon gesagt!
Fr.	Du hättest es mir schon gesagt?
Antw.	Weil es mein Vaterland ist.

Drittes Kapitel – Von der Zertrümmerung des Vaterlandes

Fr.	Was ist deinem Vaterlande jüngsthin widerfahren?
Antw.	Napoleon, Kaiser der Franzosen, hat es, mitten im Frieden, zertrümmert, und mehrere Völker, die es bewohnen, unterjocht.
Fr.	Warum hat er dies getan?
Antw.	Das weiß ich nicht.
Fr.	Das weißt du nicht?
Antw.	– Weil er ein böser Geist ist.
Fr.	Ich will dir sagen, mein Sohn: Napoleon behauptet, er sei von den Deutschen beleidigt worden.
Antw.	Nein, mein Vater, das ist er nicht.
Fr.	Warum nicht?
Antw.	Die Deutschen haben ihn niemals beleidigt.
Fr.	Kennst du die ganze Streitfrage, die dem Kriege, der entbrannt ist, zum Grunde liegt?

Antw. Nein, keineswegs.

Fr. Warum nicht?

Antw. Weil sie zu weitläufig und umfassend ist.

Fr. Woraus also schließest du, dass die Sache, die die Deutschen führen, gerecht sei?

Antw. Weil Kaiser Franz von Österreich es versichert hat.

Fr. Wo hat er dies versichert?

Antw. In dem, von seinem Bruder, dem Erzherzog Karl, an die Nation erlassenen Aufruf.

Fr. Also, wenn zwei Angaben vorhanden sind, die eine von Napoleon, dem Korsenkaiser, die andere von Franz, Kaiser von Österreich: welcher glaubst du?

Antw. Der Angabe Franzens, Kaisers von Österreich.

Fr. Warum?

Antw. Weil er wahrhaftiger ist.

Viertes Kapitel – Vom Erzfeind

Fr. Wer sind deine Feinde, mein Sohn?

Antw. Napoleon, und solange er ihr Kaiser ist, die Franzosen.

Fr. Ist sonst niemand, den du hassest?

Antw. Niemand, auf der ganzen Welt.

Fr. Gleichwohl, als du gestern aus der Schule kamst, hast du dich mit jemand, wenn ich nicht irre, entzweit?

Antw. Ich, mein Vater? – Mit wem?

Fr. Mit deinem Bruder. Du hast es mir selbst erzählt.

Antw. Ja, mit meinem Bruder! Er hatte meinen Vogel nicht, wie ich ihm aufgetragen hatte, gefüttert.

Fr. Also ist dein Bruder, wenn er dies getan hat, dein Feind, nicht Napoleon, der Korse, noch die Franzosen, die er beherrscht?

Antw. Nicht doch, mein Vater! – Was sprichst du da?

Fr. Was ich da spreche?

Antw. Ich weiß nicht, was ich darauf antworten soll.

Fr. Wozu haben die Deutschen, die erwachsen sind, jetzt allein Zeit?

Antw. Das Reich, das zertrümmert ward, wiederherzustellen.

Fr. Und die Kinder?

Antw. Dafür zu beten, dass es ihnen gelingen möge.

Fr. Wenn das Reich wiederhergestellt ist: was magst du dann mit deinem Bruder, der deinen Vogel nicht fütterte, tun?

Antw. Ich werde ihn schelten; wenn ich es nicht vergessen habe.

Fr. Noch besser aber ist es, weil er dein Bruder ist?

Antw. Ihm zu verzeihn.

Fünftes Kapitel – Von der Wiederherstellung Deutschlands

Fr. Aber sage mir, wenn ein fremder Eroberer ein Reich zertrümmert, mein Sohn: hat irgendjemand, wer es auch sei, das Recht, es wiederherzustellen?

Antw. Ja, mein Vater; das denk ich.

Fr. Wer hat ein solches Recht, sag an?

Antw. Jedweder, dem Gott zwei Dinge gegeben hat: den guten Willen dazu und die Macht, es zu vollbringen.

Fr. Wahrhaftig? – Kannst du mir das wohl beweisen?

Antw. Nein, mein Vater; das erlass mir.

Fr. So will ich es dir beweisen.

Antw. Das will ich dir erlassen, mein Vater.

Fr. Warum?

Antw. Weil es sich von selbst versteht.

Fr. Gut! – Wer nun ist es in Deutschland, der die Macht und den guten Willen und mithin auch das Recht hat, das Vaterland wiederherzustellen?

Antw. Franz der Zweite, der alte Kaiser der Deutschen.

Siebentes Kapitel – Von der Bewunderung Napoleons

Fr. Was hältst du von Napoleon, dem Korsen, dem berühmten Kaiser der Franzosen?

Antw. Mein Vater, vergib, das hast du mich schon gefragt.

Fr. Das hab ich dich schon gefragt? – Sage es noch einmal, mit den Worten, die ich dich gelehrt habe.

Antw. Für einen verabscheuungswürdigen Menschen; für den Anfang alles Bösen und das Ende alles Guten; für einen Sünder, den anzuklagen, die Sprache der Menschen nicht hinreicht, und den Engeln einst, am Jüngsten Tage, der Odem vergehen wird.

Fr. Sahst du ihn je?

Antw. Niemals, mein Vater.

Fr. Wie sollst du ihn dir vorstellen?

Antw. Als einen, der Hölle entstiegenen, Vatermördergeist, der herumschleicht, in dem Tempel der Natur, und an allen Säulen rüttelt, auf welchen er gebaut ist.

Fr. Wann hast du dies im Stillen für dich wiederholt?

Antw. Gestern Abend, als ich zu Bette ging, und heute Morgen, als ich aufstand.

Fr. Und wann wirst du es wieder wiederholen?

Antw. Heute Abend, wenn ich zu Bette gehe, und morgen früh, wenn ich aufstehe.

Fr. Gleichwohl, sagt man, soll er viel Tugenden besitzen. Das Geschäft der Unterjochung der Erde soll er mit List, Gewandtheit und Kühnheit vollziehn, und besonders, an dem Tage der Schlacht, ein großer Feldherr sein.

Antw. Ja, mein Vater; so sagt man.

Fr. Man sagt es nicht bloß; er ist es.

Antw. Auch gut; er ist es.

Fr. Meinst du nicht, dass er, um dieser Eigenschaften willen, Bewunderung und Verehrung verdiene?

Antw. Du scherzest, mein Vater.

Fr. Warum nicht?

Antw. Das wäre ebenso feig, als ob ich die Geschicklichkeit, die einem Menschen im Ringen beiwohnt, in dem Augenblick bewundern wollte, da er mich in den Kot wirft und mein Antlitz mit Füßen tritt.

Fr. Wer also, unter den Deutschen, mag ihn bewundern?

Antw. Die obersten Feldherrn etwa, und die Kenner der Kunst.

Fr. Und auch diese, wann mögen sie es erst tun?

Antw. Wenn er vernichtet ist.

Kompetenzen

Was Sie wissen müssen:

- Zeitkontext (Französische Revolution, Preußens Niederlage bei Jena/Auerstedt, Frieden von Tilsit, preußische Reformen, Befreiungskriege)
- Merkmale von Anekdoten (meist kurze Texte, häufig historisch situiert, mit kurzer überraschender Wende am Ende)

Was Sie können müssen:

- Anekdoten erkennen und erschließen
- Anekdoten vergleichen (Thema, Sprache, Aufbau)
- Anekdoten aus dem Zeitkontext heraus interpretieren

„Glücklich, glücklich, möchte ich gern werden …" – Heinrich von Kleist: Briefe

Problemhorizont

Briefe als Selbstdokumente

Briefe sind – anders als die meisten schriftlichen Textsorten – zunächst ein Mittel der Kommunikation zwischen zwei Personen, die Lektüre eines Briefes ist normalerweise nur für einen Adressaten möglich. In Briefen kommt deshalb die Selbstdarstellung sowie der Beziehungsgestaltung eine wesentliche Bedeutung zu. Auch wenn es sich bei Briefen in der Regel um nicht-fiktionale Texte handelt, heißt das nicht, dass sie deshalb objektiv oder sachlich (wahr) sind.

Kleist führte ein unstetes Leben. Aus einem alten märkischen Adelsgeschlecht stammend, hätte er, den Traditionen seines Standes entsprechend, die Offiziers- oder Beamtenlaufbahn einschlagen sollen. Beidem verweigerte er sich, aber es gelang ihm nie, festen Fuß im Leben zu fassen. Die Briefe, die – mit den erwähnten Vorbehalten – einen Einblick in das Innenleben ihres Verfassers erlauben, zeigen zunächst genau dies, nämlich dass Kleist ein „schwieriger Mensch" (Gerhard Schulz) war.

Aufgabe zur Selbsteinschätzung

1. Verfassen Sie einen fiktiven Brief an eine Ihnen sehr vertraute Person, in dem Sie ein persönliches Versagen (z. B. eine Lüge) erklären. Beschreiben Sie anschließend Ihre Selbstdarstellung.

2. Halten Sie stichwortartig fest, was Sie über Heinrich von Kleist schon wissen (seine Werke, seine Familie, sein Freundeskreis, seine Überzeugungen, …) bzw. bereits gelernt haben.

Heinrich von Kleist

3. Recherchieren Sie, was eine adlige Herkunft in der Zeit um 1800 bedeutet.

1 Kleist in seinen Briefen – autobiografische Zeugnisse auswerten

1.1 Aufbruch ins Ungewisse

Geburtshaus Heinrich von Kleists in Frankfurt a.d. Oder, im Zweiten Weltkrieg zerstört, Fotografie um 1890

Text

An C. E. Martini

Im Alter von 21 Jahren beschließt Kleist, den Soldatenstand zu verlassen, für den er als Adelssprößling eingentlich bestimmt war. In einem Brief an seinen früheren Lehrer C. E. Martini legt er seine Beweggründe dar.

Potsdam, den 19. März 1799

Denn eben durch diese Betrachtungen wurde mir der Soldatenstand, dem ich nie von Herzen zugetan gewesen bin, weil er etwas durchaus Ungleichartiges mit meinem ganzen Wesen in sich trägt, so verhasst, dass es mir nach und nach lästig wurde, zu seinem Zwecke mitwirken zu müssen. Die größten Wunder militärischer Disziplin, die der Gegenstand des Erstaunens aller Kenner waren, wurden der Gegenstand meiner herzlichsten Verachtung; die Offiziere hielt ich für so viele Exerziermeister, die Soldaten für so viele Sklaven, und wenn das ganze Regiment seine Künste machte, schien es mir als ein lebendiges Monument der Tyrannei. Dazu kam noch, dass ich den üblen Eindruck, den meine Lage auf meinen Charakter machte, lebhaft zu fühlen anfing. Ich war oft gezwungen, zu strafen, wo ich gern verziehen hätte, oder verzieh, wo ich hätte strafen sollen; und in beiden Fällen hielt ich mich selbst für strafbar. In solchen Augenblicken musste natürlich der Wunsch in mir entstehen, einen Stand zu verlassen, in welchem ich von zwei durchaus entgegengesetzten Prinzipien unaufhörlich gemartert wurde, immer zweifelhaft war, ob ich als Mensch oder als Offizier handeln musste; denn die Pflichten beider zu vereinen, halte ich bei dem jetzigen Zustande der Armeen für unmöglich.

Und doch hielt ich meine moralische Ausbildung für eine meiner heiligsten Pflichten, eben weil sie, wie ich eben gezeigt habe, mein Glück gründen sollte, und so knüpft sich an meine natürliche Abneigung gegen den Soldatenstand noch die Pflicht, ihn zu verlassen.

Das, mein teurer Freund! ist die getreue Darstellung der Gründe, die mich bewogen, den Soldatenstand zu verlassen. Welche Gründe ich für die Wahl eines anderen Standes habe, braucht nicht untersucht zu werden; denn wenn ich mich den Wissenschaften widmen will, ist das für mich kein neuer Stand, weil ich schon, seit ich in Potsdam, mehr Student als Soldat gewesen bin. Ich habe mich ausschließlich mit Mathematik und Philosophie, – als den beiden Grundfesten alles Wissens, beschäftigt und als Nebenstudien die griechische und lateinische Sprache betrieben, welche letztere ich nun zur Hauptsache erheben werde.

Anton Graf (1736–1813): Heinrich von Kleist (1777–1811), Zeichnung um 1808, Kreide und Kohle

Ulrike von Kleist (1774–1849), Porträtminiatur, anonym, um 1801/1802

Text

An Ulrike von Kleist

Frankfurt a. d. Oder, Mai 1799

Ulrike von Kleist (1774–1849) = Halbschwester aus der ersten Ehe von Heinrich von Kleists Vater

Eine solche sklavische Hingebung in die Launen des Tyrannen Schicksal, ist nun freilich eines freien, denkenden Menschen höchst unwürdig. Ein freier denkender Mensch bleibt da nicht stehen, wo der Zufall ihn hinstößt; oder wenn er bleibt, so bleibt er aus Gründen, aus Wahl des Bessern. Er fühlt, dass man sich über das Schicksal erheben könne, ja, dass er im richtigen Sinne selbst möglich sei, das Schicksal zu leiten. Er bestimmt nach seiner Vernunft, welches Glück für ihn das höchste sei, er entwirft sich seinen Lebensplan, und strebt seinem Ziele nach sicher aufgestellten Grundsätzen mit allen seinen Kräften entgegen. Denn schon die Bibel sagt, willst du das Himmelreich erwerben, so lege selbst Hand an.

Solange ein Mensch noch nicht imstande ist, sich selbst einen Lebensplan zu bilden, so lange ist und bleibt er unmündig, er stehe nun als Kind unter der Vormundschaft seiner Eltern oder als Mann unter der Vormundschaft des Schicksals. Die erste Handlung der Selbständigkeit eines Menschen ist der Entwurf eines solchen Lebensplans. Wie nötig es ist, ihn so früh wie möglich zu bilden, davon hat mich der Verlust von sieben kostbaren Jahren, die ich dem Soldatenstande widmete, von sieben unwiederbringlich verlornen Jahren, die ich für meinen Lebensplan hätte anwenden gekonnt, wenn ich ihn früher zu bilden verstanden hätte, überzeugt.

Mobil = Antriebskraft

Ein schönes Kennzeichen eines solchen Menschen, der nach sichern Prinzipien handelt, ist Konsequenz, Zusammenhang, und Einheit in seinem Betragen. Das hohe Ziel, dem er entgegenstrebt, ist das Mobil aller seiner Gedanken, Empfindungen und Handlungen. Alles, was er denkt, fühlt und will, hat Bezug auf dieses Ziel, alle Kräfte seiner Seele und seines Körpers streben nach diesem gemeinschaftlichen Ziele. Nie werden seine Worte seinen Handlungen, oder umgekehrt, widersprechen, für jede seiner Äußerungen wird er Gründe der Vernunft aufzuweisen haben. Wenn man nur sein Ziel kennt, so wird es nicht schwer sein die Gründe seines Betragens zu erforschen. (...)

Ein Lebensplan ist – – Mir fällt die Definition vom Birnkuchen ein, die Du einst im Scherze Pannwitzen gabst, und wahrlich, ich möchte Dir im Ernste eine ähnliche geben. Denn bezeichnet hier nicht ebenfalls ein einfacher Ausdruck einen einfachen Sinn? Ein Reisender, der das Ziel seiner Reise, und den Weg zu seinem Ziele kennt, hat einen Reiseplan. Was der Reiseplan dem Reisenden ist, das ist der Lebensplan dem Menschen. Ohne Reiseplan sich auf die Reise begeben, heißt erwarten, dass der Zufall uns an das Ziel führe, das wir selbst nicht kennen. Ohne Lebensplan leben, heißt vom Zufall erwarten, ob er uns glücklich machen werde, wie wir es selbst nicht begreifen.

Ja, es ist mir so unbegreiflich, wie ein Mensch ohne Lebensplan leben könne, und ich fühle, an der Sicherheit, mit welcher ich die Gegenwart benutze, an der Ruhe, mit welcher ich in die Zukunft blicke, so innig, welch ein unschätzbares Glück mir mein Lebensplan gewährt, und der Zustand, ohne Lebensplan, ohne feste Bestimmung, immer schwankend zwischen unsichern Wünschen, immer im Widerspruch mit meinen Pflichten, ein Spiel des Zufalls, eine Puppe am Drahte des Schicksals – dieser unwürdige Zustand scheint mir so verächtlich, und würde mich so unglücklich machen, dass mir der Tod bei weitem wünschenswerter wäre.

Wilhelmine von Zenge (1780–1852), Porträtminiatur, anonym, um 1800

Heinrich von Kleist (1777–1811), , Porträtkopie nach der Miniatur von Peter Friedel, 1801

Text

An Wilhelmine von Zenge

Frankfurt a. d. Oder, Anfang 1800

Und nun die Hauptsache, Wilhelmine. Sie wissen, dass ich bereits entschlossen bin, mich für ein Amt zu bilden; aber noch bin ich nicht entschieden, für welches Amt ich mich bilden soll. Ich wende jede müßige Stunde zum Behufe der Überlegung über diesen Gegenstand an. Ich wäge die Wünsche meines Herzens gegen die Forderungen meiner Vernunft ab; aber die Schalen der Waage schwanken unter den unbestimmten Gewichten. Soll ich die Rechte studieren? – Ach, Wilhelmine, ich hörte letzthin in dem Naturrechte die Frage aufwerfen, ob die Verträge der Liebenden gelten können, weil sie in der Leidenschaft geschehen – und was soll ich von einer Wissenschaft halten, die sich den Kopf darüber zerbricht, ob es ein Eigentum in der Welt gibt, und die mir daher nur zweifeln lehren würde, ob ich Sie auch wohl jeweils mit Recht die Meine nennen darf? Nein, nein, Wilhelmine, nicht die Rechte will ich studieren, nicht die schwankenden, ungewissen, zweideutigen Rechte der Vernunft will ich studieren, an die Rechte meines Herzens will ich mich halten, und ausüben will ich sie, was auch alle Systeme der Philosophen dagegen einwenden mögen. – Oder soll ich mich für das diplomatische Fach bestimmen? – Ach, Wilhelmine, ich erkenne nur ein höchstes Gesetz an, die Rechtschaffenheit, und die Politik kennt nur ihren Vorteil. Auch wäre der Aufenthalt an fremden Höfen kein Schauplatz für das Glück der Liebe. An den Höfen herrscht die Mode und die Liebe flieht vor der unbescheidnen Spötterin. – Oder soll ich mich für das Finanzfach bestimmen? – Das wäre etwas. Wenn mir auch gleich der Klang rollender Münzen nicht eben lieb und angenehm ist, so sei es dennoch. Der Einklang unsrer Herzen möge mich entschädigen, und ich verwerfe diesen Lebensweg nicht, wenn er zu unserm Ziele führen kann. – Auch noch ein Amt steht mir offen, ein ehrenvolles Amt, das mir zugleich alle wissenschaftlichen Genüsse gewähren würde, aber freilich kein glänzendes Amt, ein Amt, von dem man freilich als Bürger des Staates nicht, wohl aber als Weltbürger weiterschreiten kann – ich meine ein akademisches Amt. – Endlich bleibt mir noch übrig die Ökonomie zu studieren, um die wichtige Kunst zu lernen, mit geringen Kräften große Wirkungen hervorzubringen. Wenn ich mir diese große Kunst aneignen könnte, dann, Wilhelmine, könnte ich ganz glücklich sein, dann könnte ich, ein freier Mensch, mein ganzes Leben Ihnen und meinem höchsten Zwecke – oder vielmehr, weil es die Rangordnung so will – meinem höchsten Zwecke und Ihnen widmen.

Wilhelmine von Zenge (1780–1852), = Tochter eines Generals. Seit ihrer Verlobung mit Heinrich von Kleist im Jahre 1800 wohnte sie in Berlin. Sie löste die Verbindung 1802 auf, als Heinrich von Kleist ein Landgut in der Schweiz erwerben und Bauer werden wollte.

So stehe ich jetzt, wie Herkules, am fünffachen Scheidewege und sinne, welchen Weg ich wählen soll. Das Gewicht des Zweckes, den ich beabsichte, macht mich schüchtern bei der Wahl. Glücklich, glücklich, Wilhelmine, möcht ich gern werden und darf man da nicht schüchtern sein, den rechten Weg zu verfehlen?

Herkules = Held der griechischen Sage

Text

An Wilhelmine von Zenge

Seine Verlobte

Berlin, den 11. November 1800

Diese Beispiele mögen hinreichend sein, Dir, mein liebes Mädchen, zu zeigen, dass *nichts* in der ganzen Natur unbedeutend und gleichgültig und jede Erscheinung der Aufmerksamkeit eines *denkenden* Menschen würdig ist.

Von Dir werde ich freilich nicht verlangen, dass Du durch Deine Beobachtungen die Wissenschaft mit Wahrheiten bereicherst, aber Deinen Verstand kannst Du damit bereichern und tausendfältig durch aufmerksame Wahrnehmung aller Erscheinungen üben.

Das ist es, liebes Mädchen, wozu ich Dir in diesem Bogen die Anleitungen geben will.

Mir leuchtet es immer mehr und mehr ein, dass die Bücher schlechte Sittenlehrer sind. Was wahr ist sagen sie uns wohl, auch wohl, was gut ist, aber es dringt in die Seele nicht ein. Einen Lehrer gibt es, der ist vortrefflich, wenn wir ihn verstehen; es ist *die Natur*.

Ich will Dir das nicht durch ein langes Geschwätz beweisen, sondern lieber durch Beispiele zeigen, die wohl immer, besonders bei Weibern, die beste Wirkung tun möchten.

Ich ging an jenem Abend vor dem wichtigsten Tage meines Lebens in Würzburg spazieren. Als die Sonne herabsank war es mir als ob mein Glück unterginge. Mich schauerte wenn ich dachte, dass ich vielleicht *von allem* scheiden müsste, von allem, was mir teuer ist.

Da ging ich, in mich gekehrt, durch das gewölbte Tor, sinnend zurück in die Stadt. Warum, dachte ich, sinkt wohl das Gewölbe nicht ein, da es doch *keine* Stütze hat? Es steht, antwortete ich, *weil alle Steine auf einmal einstürzen wollen* – und ich zog aus diesem Gedanken einen unbeschreiblich erquickenden Trost, der mir bis zu dem entscheidenden Augenblicke immer mit der Hoffnung zur Seite stand, dass auch ich mich halten würde, wenn alles mich sinken lässt.

Das, mein liebes Minchen, würde mir kein Buch gesagt haben, und das nenne ich recht eigentlich *lernen von der Natur*.

Einen ähnlichen Trost hatte ich schon auf der Hinreise nach W. Ich stand nämlich mit dem Rücken gegen die Sonne und blickte lange in einen lebhaften Regenbogen. So fällt doch, dachte ich, immer ein Strahl von Glück auf unser Leben, und wer der Sonne selbst den Rücken kehrt und in die trübe Wetterwolke schaut, dem wirft ihr schönres Bild der Regenbogen zu.

Text

An Wilhelmine von Zenge

Berlin, den 13. November 1800

Ich will kein Amt nehmen. Warum will ich es nicht? – O wie viele Antworten liegen mir auf der Seele! Ich kann nicht eingreifen in ein Interesse, das ich mit meiner Vernunft nicht prüfen darf. Ich soll tun was der Staat von mir verlangt, und doch soll ich nicht untersuchen, ob das, was er von mir verlangt, gut ist. Zu seinen unbekannten Zwecken soll ich ein bloßes Werkzeug sein – ich kann es nicht. Ein eigner Zweck steht mir vor Augen, nach ihm würde ich handeln *müssen*, und wenn der Staat es anders will, dem Staate nicht gehorchen *dürfen*. Meinen Stolz würde ich darin suchen, die Aussprüche meiner Vernunft geltend zu machen, gegen den Willen meiner Obern – nein, Wilhelmine, es geht nicht, ich passe mich für kein Amt. Ich bin auch wirklich zu ungeschickt, um es zu führen. Ordnung, Genauigkeit, Geduld, Unverdrossenheit, das sind Eigenschaften, die bei einem Amte unentbehrlich sind, und die mir doch ganz fehlen. Ich arbeite nur für meine Bildung gern und da bin ich unüberwindlich geduldig und unverdrossen. Aber für die Amtsbesoldung Listen zu schreiben und Rechnungen zu führen – ach, ich würde eilen, eilen, dass sie nur fertig würden, und zu meinem geliebten Wissenschaften zurückkehren. Ich würde die Zeit meinem Amte stehlen, um sie meiner Bildung zu widmen – nein, Wilhelmine, es geht nicht, es geht nicht. Ja ich bin selbst zu ungeschickt mir ein Amt zu erwerben. Denn zufrieden mir wirklich Kenntnisse zu erwerben, bekümmert es mich wenig, ob andere sie in mir wahrnehmen. Sie zur Schau aufstellen, oder zum Kauf ausbieten, wäre mir ganz unmöglich – und würde man denjenigen wohl begünstigen, der den Stolz hat, jede Gunst zu entbehren, und der durch keine andere Fürsprache steigen will, als durch die Fürsprache seiner eignen Verdienste? – Aber das Entscheidendste ist dieses, dass selbst ein Amt, und wäre es eine Ministerstelle, mich nicht glücklich machen kann.

Text

An Wilhelmine von Zenge

Berlin, den 22. März 1801

Ich hatte schon als Knabe (mich dünkt am Rhein durch eine Schrift von Wieland) mir den Gedanken angeeignet, dass die Vervollkommnung der Zweck der Schöpfung wäre. Ich glaubte, dass wir einst nach dem Tode von der Stufe der Vervollkommnung, die wir auf diesem Sterne erreichten, auf einem andern weiter fortschreiten würden, und dass wir den Schatz von Wahrheiten, den wir hier sammelten, auch dort einst brauchen könnten. Aus diesen Gedanken bildete sich so nach und nach eine eigene Religion, und das Bestreben, nie auf einen Augenblick hienieden stillzustehen, und immer unaufhörlich einem höhern Grade von Bildung entgegenzuschreiten, ward bald das einzige Prinzip meiner Tätigkeit. *Bildung* schien mir das einzige Ziel, das des Bestrebens, Wahrheit der einzige Reichtum, der des Besitzes würdig ist. – Ich weiß nicht, liebe Wilhelmine, ob Du diese zwei Gedanken: *Wahrheit* und *Bildung*, mit einer solchen Heiligkeit denken kannst, als ich – Das freilich würde doch nötig sein, wenn Du den Verfolg dieser Geschichte meiner Seele verstehen willst. Mir waren sie so heilig, dass ich diesen beiden Zwecken, Wahrheit zu sammeln, und Bildung mir zu erwerben, die *kostbarsten* Opfer brachte – Du kennst sie. – Doch ich muss mich kurz fassen.

Christoph Martin Wieland (1733–1813) = dt. Schriftsteller der Aufklärung und Empfindsamkeit

Vor kurzem ward ich mit der neueren sogenannten Kantischen Philosophie bekannt – und Dir muss ich jetzt daraus einen Gedanken mitteilen, indem ich nicht fürchten darf, dass er Dich so tief, so schmerzhaft erschüttern wird, als mich. Auch kennst Du das Ganze nicht hinlänglich, um sein Interesse vollständig zu begreifen. Ich will indessen so deutlich sprechen, als möglich.

Wenn alle Menschen statt der Augen grüne Gläser hätten, so würden sie urteilen müssen, die Gegenstände, welche sie dadurch erblicken, *sind* grün – und nie würden sie entscheiden können, ob ihr Auge ihnen die Dinge zeigt, wie sie sind, oder ob es nicht etwas zu ihnen hinzutut, was nicht ihnen, sondern dem Auge gehört. So ist es mit dem Verstande. Wir können nicht entscheiden, ob das, was wir Wahrheit nennen, wahrhaft Wahrheit ist, oder ob es uns nur so scheint. Ist das letzte, so ist die Wahrheit, die wir hier sammeln, nach dem Tode nicht mehr – und alles Bestreben, ein Eigentum sich zu erwerben, das uns auch in das Grab folgt, ist vergeblich –

Ach, Wilhelmine, wenn die Spitze des Gedankens Dein Herz nicht trifft, so lächle nicht über einen andern, der sich tief in seinem heiligsten Innern davon verwundet fühlt. Mein einziges, mein höchstes Ziel ist gesunken, und ich habe nun keines mehr –

Seit dieser Überzeugung, nämlich, dass hienieden keine Wahrheit zu finden ist, vor meiner Seele trat, habe ich nicht wieder ein Buch angerührt. Ich bin untätig in meinem Zimmer umhergegangen, ich habe mich an das offne Fenster gesetzt, ich bin hinausgelaufen ins Freie, eine innerliche Unruhe trieb mich zuletzt in Tabagien und Kaffeehäuser, ich habe Schauspiele und Konzerte besucht, um mich zu zerstreuen, ich habe sogar, um mich zu betäuben, eine Torheit begangen, die Dir Karl lieber erzählen mag, als ich; und dennoch war der einzige Gedanke, den meine Seele in diesem äußeren Tumulte mit glühender Angst bearbeitete, immer nur dieser: Dein einziges, dein höchstes Ziel ist gesunken – (…)

In dieser Angst fiel mir ein Gedanke ein.

Liebe Wilhelmine, lass mich reisen. Arbeiten kann ich nicht, das ist nicht möglich, ich weiß nicht zu welchem Zwecke.

Aufgabe

1. Charakterisieren Sie anhand der vorliegenden Briefe Heinrich von Kleist.
2. Bestimmen Sie den Einfluss der Aufklärung auf sein Handeln und Denken.

Text Abiturrelevant

An Ulrike von Kleist

Berlin, den 5. Februar 1801

Die preußische Hauptstadt Berlin zählte um 1800 rund 170.000 Einwohner.

200 Rth. = Reichstaler, ab 1800 galt die Währungsbezeichnung Thaler. Ein Handwerksmeister verdiente um die Jahrhundertwende 200 bis 600, ein preußischer Beamter 100 Thaler pro Jahr. Mit 24 Thalern Jahreseinkommen lag ein Soldat an der Armutsgrenze

Mein liebes teures Ulrikchen, ich hatte, als ich Schönfeld im Schauspielhause sah, in dem ersten Augenblicke eine unbeschreiblich frohe Hoffnung, dass auch Du in der Nähe sein würdest – und noch jetzt weiß ich nicht recht, warum Du diese gute Gelegenheit, nach Berlin zu kommen, so ungenutzt gelassen hast. Recht herzlich würde ich mich darüber gefreut haben, und ob ich gleich weiß, dass Du daran nicht zweifelst, so schreibe ich es doch auf, weil ich mich noch weit mehr darüber gefreut haben würde, als Du glaubst. Denn hier in der ganzen volkreichen Königsstadt ist auch nicht ein Mensch, der mir etwas Ähnliches von dem sein könnte, was Du mir bist. Nie denke ich anders an Dich, als mit Stolz und Freude, denn Du bist die Einzige, oder überhaupt der einzige Mensch, von dem ich sagen kann, dass er mich ganz ohne ein eignes Interesse, ganz ohne eigne Absichten, kurz, dass er nur mich selbst liebt. Recht schmerzhaft ist es mir, dass ich nicht ein Gleiches von mir sagen kann, obgleich Du es gewiss weit mehr verdienst, als ich; denn Du hast zu viel für mich getan, als dass meine Freundschaft, in welche sich schon die Dankbarkeit mischt, ganz rein sein könnte. Jetzt wieder bietest Du mir durch Schönfeld Deine Hülfe an, und mein unseliges Verhältnis will, daß ich nie geben kann und immer annehmen muss. Kann Wackerbarth mir 200 Rth. geben, so denke ich damit und mit meiner Zulage den äußerst teuren Aufenthalt in Berlin (der mir eigentlich durch die vielen Besuche aus Potsdam teuer wird) bestreiten zu können. Besorge dies, und fürchte nicht, dass ich, wenn ich dankbarer sein muss, Dich weniger aus dem Innersten meiner Seele lieben und ehren werde. –

Ich habe lange mit mir selbst gekämpft, ob ich Schönfelds Vorschlag, ihm nach Werben zu folgen, annehmen sollte, oder nicht. Allein ich musste mich für das letztere bestimmen, aus Gründen, die ich Dir kürzlich wohl angeben kann. Ich wünsche nämlich von ganzem Herzen diesen für mich traurigen Ort so bald als möglich wieder zu verlassen. So bald ich nach meinem Plan das Studium einiger Wissenschaften hier vollendet habe, so kehre ich ihm den Rücken. Daher wollte ich diesen ersehnten Zeitpunkt nicht gern durch eine Reise weiter herausschieben, als er schon liegt, und daher versagte ich mir das Vergnügen Dich zu sehn – Ach, wie gern hätte ich Dich gesehen in dem stillen Werben, wie vieles hätte ich Dir mitteilen, wie manches von Dir lernen können – Ach, Du weißt nicht, wie es in meinem Innersten aussieht. Aber es interessiert Dich doch? – O gewiss! Und gern möchte ich Dir alles mitteilen, wenn es möglich wäre. Aber es ist nicht möglich, und wenn es auch kein weiteres Hindernis gäbe, als dieses, dass es uns an einem Mittel zur Mitteilung fehlt. Selbst das einzige, das wir besitzen, die Sprache taugt nicht dazu, sie kann die Seele nicht malen, und was sie uns gibt sind nur zerrissene Bruchstücke. Daher habe ich jedesmal eine Empfindung, wie ein Grauen, wenn ich jemandem mein Innerstes aufdecken soll; nicht eben weil es sich vor der Blöße scheut, aber weil ich ihm nicht *alles* zeigen kann, nicht *kann*, und daher fürchten muss, aus den Bruchstücken falsch verstanden zu werden. Indessen: auf diese Gefahr will ich es bei Dir wagen und Dir so gut ich kann, in zerrissenen Gedanken mitteilen, was Interesse für Dich haben könnte.

Porsenna = Lars Porsenna, Stadtkönig des etruskischen Clusium (heute Chiusi in der italienischen Toskana) belagerte Rom um ca 508 v.Chr.

Noch immer habe ich mich nicht für ein Amt entscheiden können und Du kennst die Gründe. Es gibt Gründe für das Gegenteil, und auch diese brauche ich Dir nicht zu sagen. Gern will ich immer tun, was recht ist, aber was soll man tun, wenn man dies nicht weiß? Dieser innere Zustand der Ungewissheit war mir unerträglich, und ich griff um mich zu entscheiden zu jenem Mittel, durch welches jener Römer in dem Zelte Porsennas diesen König, als er über die Friedensbedingungen zauderte, zur Entscheidung zwang. Er zog nämlich mit Kreide einen Kreis um sich und den König und erklärte, keiner von ihnen würde den Kreis überschreiten, ehe der Krieg oder der Friede entschieden wäre. Fast ebenso machte ich es auch. Ich beschloß, nicht aus dem Zimmer zu gehen, bis ich über einen Lebensplan entschieden wäre; aber 8 Tage vergingen, und ich musste doch am Ende das Zimmer unentschlossen wieder verlassen. – Ach Du weißt nicht, Ulrike, wie mein Innerstes oft erschüttert ist – – Du verstehst dies doch nicht falsch? Ach, es gibt kein Mittel, sich andern ganz verständlich zu machen, und der Mensch hat von Natur keinen andren Vertrauten, als sich selbst.

Session =Sitzung, Versammlung

Journal = (Fach)Zeitschrift

Foliant = großes schweres Buch

Indessen sehe ich doch immer von Tage zu Tage mehr ein, dass ich ganz unfähig bin, ein Amt zu führen. Ich habe mich durchaus daran gewöhnt, eignen Zwecken zu folgen, und dagegen von der Befolgung fremder Zwecke ganz und gar entwöhnt. Letzthin hatte ich eine äußerst widerliche Empfindung. Ich war nämlich in einer Session, denen ich immer noch beiwohne, weil ich nicht recht weiß, wie ich mich davon losmachen soll, ohne zu beleidigen. Da wird unter andern Berichten, auch immer im kurzen Nachricht erteilt von dem Inhalt gewisser Journale über Chemie, Mechanik etc. Eines der Mitglieder schlug einen großen Folianten auf, der der 5. Teil eines neu herausgekommenen französischen Werkes über Mechanik war. Er sagte in allgemeinen Ausdrücken, er habe das Buch freilich nur flüchtig durchblättern können, allein es scheine ihm, als ob es wohl allerdings manches enthalten könne, was die Deputation und ihren Zweck interessiert. Darauf fragte ihn der Präsident, ob er glaubte, dass es nützlich wäre, wenn es von einem Mitgliede ganz durchstudiert würde; und als er dies bejahend beantwortete, so wandte sich der Präsident schnell zu mir und sagte: nun Herr v. K. das ist etwas für Sie, nehmen Sie dies Buch zu sich, lesen Sie es durch und statten Sie der Deputation darüber Bericht ab. – Was in diesem Augenblicke alles in meiner Seele vorging kann ich Dir wieder nicht beschreiben. Ein solches Buch kostet wenigstens 1 Jahr Studium, ist neu, folglich sein Wert noch gar nicht entschieden, würde meinen ganzen Studienplan stören etc. etc. Ich hatte aber zum erstenmal in 2 Jahren wieder einen Obern vor mir und wusste in der Verlegenheit nichts zu tun, als mit dem Kopfe zu nicken. Das ärgerte mich aber nachher doppelt, ich erinnerte mich mit Freuden, dass ich noch frei war, und beschloss das Buch ungelesen zu lassen, es folge daraus, was da wolle. – Ich muss fürchten, daß auch dieses missverstanden wird, weil ich wieder nicht alles sagen konnte.

In Gesellschaften komme ich selten. Die jüdischen würden mir die liebsten sein, wenn sie nicht so pretiös mit ihrer Bildung täten. An dem Juden Cohen habe ich eine interessante Bekanntschaft gemacht, nicht sowohl seinetwillen, als wegen seines prächtigen Kabinetts von physikalischen Instrumenten, das er mir zu benutzen erlaubt hat. Zuweilen bin ich bei Clausius, wo die Gäste meistens interessanter sind, als die Wirte. Einmal habe ich getanzt und war vergnügt, weil ich zerstreut war. Huth ist hier und hat mich in die gelehrte Welt eingeführt, worin ich mich aber so wenig wohl befinde, als in der ungelehrten. Diese Menschen sitzen sämtlich wie die Raupe auf einem Blatte, jeder glaubt seines sei das beste, und um den Baum bekümmern sie sich nicht.

Ach, liebe Ulrike, ich passe mich nicht unter die Menschen, es ist eine traurige Wahrheit, aber eine Wahrheit; und wenn ich den Grund ohne Umschweif angeben soll, so ist es dieser: sie gefallen mir nicht. Ich weiß wohl, dass es bei dem Menschen, wie bei dem Spiegel, eigentlich auf die eigne Beschaffenheit beider ankommt, wie die äußern Gegenstände darauf einwirken sollen; und mancher würde aufhören über die Verderbtheit der Sitten zu schelten, wenn ihm der Gedanke einfiele, ob nicht vielleicht bloß der Spiegel, in welchen das Bild der Welt fällt, schief und schmutzig ist. Indessen wenn ich mich in Gesellschaften nicht wohl befinde, so geschieht dies weniger, weil andere, als vielmehr weil ich mich selbst nicht zeige, wie ich es wünsche. Die Notwendigkeit, eine Rolle zu spielen, und ein innerer Widerwillen dagegen machen mir jede Gesellschaft lästig, und froh kann ich nur in meiner eignen Gesellschaft sein, weil ich da ganz wahr sein darf. Das darf man unter Menschen nicht sein, und keiner ist es – Ach, es gibt eine traurige Klarheit, mit welcher die Natur viele Menschen, die an dem Dinge nur die Oberfläche sehen, zu ihrem Glücke verschont hat. Sie nennt mir zu jeder Miene den Gedanken, zu jedem Worte den Sinn, zu jeder Handlung den Grund – sie zeigt mir alles, was mich umgibt, und mich selbst in seiner ganzen armseligen Blöße, und dem Herzen ekelt zuletzt vor dieser Nacktheit – – Dazu kommt bei mir eine unerklärliche Verlegenheit, die unüberwindlich ist, weil sie wahrscheinlich eine ganz physische Ursache hat. Mit der größten Mühe nur kann ich sie so verstecken, dass sie nicht auffällt – o wie schmerzhaft ist es, in dem Äußern ganz stark und frei zu sein, indessen man im Innern ganz schwach ist, wie ein Kind, ganz gelähmt, als wären uns alle Glieder gebunden, wenn man sich nie zeigen kann, wie man wohl möchte, nie frei handeln kann, und selbst das Große versäumen muss, weil man vorausempfindet, dass man nicht standhalten wird, indem man von jedem äußern Eindrucke abhangt und das albernste Mädchen oder der elendeste Schuft von Elegant uns durch die matteste Persiflage vernichten kann. – Das alles verstehst Du vielleicht nicht, liebe Ulrike, es ist wieder kein Gegenstand für die Mitteilung, und der andere müsste das alles aus sich selbst kennen, um es zu verstehen.

Selbst die Säule, an welcher ich mich sonst in dem Strudel des Lebens hielt, wankt – – Ich meine, die Liebe zu den Wissenschaften. – Aber wie werde ich mich hier wieder verständlich machen? – Liebe Ulrike, es ist ein bekannter Gemeinplatz, dass das Leben ein schweres Spiel sei; und warum ist es schwer? Weil man beständig und immer von neuem eine Karte ziehen soll und doch nicht weiß, was Trumpf ist; ich meine darum, weil man beständig und immer von neuem handeln soll und doch nicht weiß, was recht ist. Wissen kann unmöglich das Höchste sein – handeln ist besser als wissen. Aber ein Talent bildet sich im Stillen, doch ein Charakter nur in dem Strome der Welt. Zwei ganz verschiedne Ziele sind es, zu denen zwei ganz verschiedne Wege führen. Kann man sie beide nicht vereinigen, welches soll man wählen? Das höchste, oder das, wozu uns unsre Natur treibt? – Aber auch selbst dann, wenn bloß Wahrheit mein Ziel wäre, – ach, es ist so traurig, weiter nichts, als gelehrt zu sein. Alle Männer, die mich kennen, raten mir, mir irgend einen Gegenstand aus dem Reiche des Wissens auszuwählen und diesen zu bearbeiten – Ja freilich, das ist der Weg zum Ruhme, aber ist dieser mein Ziel? Mir ist es unmöglich, mich wie ein Maulwurf in ein Loch zu graben und alles andere zu vergessen. Mir ist keine Wissenschaft lieber als die andere, und wenn ich eine vorziehe, so ist es nur wie einem Vater immer derjenige von seinen Söhnen der liebste ist, den er eben bei sich sieht. – Aber soll ich immer von einer Wissenschaft zur andern gehen, und immer nur auf ihrer Oberfläche schwimmen und bei keiner in die Tiefe gehen? Das ist die Säule, welche schwankt.

Ich habe freilich einen Vorrat von Gedanken zur Antwort auf alle diese Zweifel. Indessen reif ist noch keiner. – – Goethe sagt, wo eine Entscheidung soll geschehen, da muss vieles zusammentreffen. – Aber ist es nicht eine Unart nie den Augenblick der Gegenwart ergreifen zu können, sondern immer in der Zukunft zu leben? – Und doch, wer wendet sein Herz nicht gern der Zukunft zu, wie die Blumen ihre Kelche der Sonne? – Lerne Du nur fleißig aus dem Gaspari, und vergiss nicht die Laute. Wer weiß ob wir es nicht früh oder spät brauchen. Gute Nacht, es ist spät. Grüße Deine liebe Wirtin und alle Bekannte.

Deputation = Heinrich von Kleist arbeitete seit 1800 als Volontär bei der Technischen Deputation (= Abteilung) des Königlichen Manufaktur-Kollegiums Berlin

pretiös = (preziös) geziert, unnatürlich

Adam Christian Gaspari (1752–1830) = bekannter Verfasser vieler geschichtlicher und geografischer Werke.

Aufgabe

1. Beschreiben Sie anhand des Briefes die Lebenssituation und die existenzielle Problematik, in der sich Heinrich von Kleist befindet. Benutzen Sie dafür die Tabelle auf S. 52.

Kleists Lebenssituation

Ulrike	
Geld	
Berlin	
Berufstätigkeit	
Studium der Wissenschaften	
Sprache und Kommunikation	
Ich und Gesellschaft	

Text

Abiturrelevant (seine Verlobte)

An Wilhelmine von Zenge

Paris, den 10. Oktober 1801

Liebe Wilhelmine. Also mein letzter Brief hat Dir so viele Freude gemacht? O möchte Dir auch dieser, unter so vielen trüben Tagen, ein paar froher Stunden schenken! Andere beglücken, es ist das reinste Glück auf dieser Erde. – Nur schwer ist es, wenn wir selbst nicht glücklich sind, und andere doch grade in unserm Glücke das ihrige setzen. – Indessen fühle ich mich doch wirklich von Tage zu Tage immer heiterer und heiterer, und hoffe, dass endlich die Natur auch mir einmal das Maß von Glück zumessen wird, das sie allen ihren Wesen schuldig ist. Auf welchem Wege ich es suchen soll, darüber bin ich freilich noch nicht recht einig, obgleich sich mein Herz fast überwiegend immer zu einem neigt – Aber ob auch Dein Herz sich dazu neigen wird? –? Ach, Wilhelmine, da bin ich fast schüchtern in der Mitteilung. Aber wenn ich denke, dass Du meine *Freundin* bist, so schwindet alle Zurückhaltung, und darum will ich Dir mancherlei Gedanken, die meine Seele jetzt für die Zukunft bearbeitet, mitteilen.

Nach einer gemeinsamen Reise mit seiner älteren Halbschwester Ulrike von Kleist über Dresden, Halberstadt, Göttingen, Mainz und Straßburg hielt sich Kleist von Juli bis November 1801 in Paris auf.

Reise, Paris-Aufenthalt und die naturromantische Idee eines bäuerlichen Lebens waren eine Reaktion auf die sogenannte Kant-Krise, die für Kleist mit der Einsicht verbunden war, dass die Wissenschaft keinen Zugang zu objektiven Erkenntnissen und absoluter Wahrheit ermöglichte. (Vgl. Brief S. 49)

Ein großes Bedürfnis ist in mir rege geworden, ohne dessen Befriedigung ich niemals glücklich sein werde; es ist dieses, *etwas Gutes zu tun.* Ja, ich glaube fast, dass dieses Bedürfnis bis jetzt immer meiner Trauer dunkel zum Grunde lag, und daß ich mich jetzt seiner bloß deutlich bewusst geworden bin. Es liegt eine Schuld auf dem Menschen, die, wie eine Ehrenschuld, jeden, der Ehrgefühl hat, unaufhörlich mahnt. Vielleicht kannst Du Dir, wie dringend dieses Bedürfnus ist, nicht lebhaft vorstellen. Aber das kommt, weil Dein Geschlecht ein leidendes ist – Besonders seitdem mich die Wissenschaften gar nicht mehr befriedigen, ist dieses Bedürfnis in mir rege geworden. Kurz, es steht fest beschlossen in meiner Seele: ich will diese Schuld abtragen.

Wenn ich mich nun aber umsehe in der Welt, und frage: wo gibt es denn wohl etwas Gutes zu tun? – ach, Wilhelmine, darauf weiß ich nur eine einzige Antwort. Es scheint allerdings für ein tatenlechzendes Herz zunächst ratsam, sich einen großen Wirkungskreis zu suchen; aber – liebes Mädchen, Du musst, was ich Dir auch sagen werde, mich nicht mehr nach dem Maßstabe der Welt beurteilen. Eine Reihe von Jahren, in welchen ich über die Welt im großen frei denken konnte, hat mich dem, was die Menschen Welt nennen, sehr unähnlich gemacht. Manches, was die Menschen ehrwürdig nennen, ist es mir nicht, vieles, was ihnen verächtlich scheint, ist es mir nicht. Ich trage eine innere Vorschrift in meiner Brust, gegen welche alle äußern, und wenn sie ein König unterschrieben hätte, nichtswürdig sind. Daher fühle ich mich ganz unfähig, mich in irgend ein konventionelles Verhältnis der Welt zu passen. Ich finde viele ihrer Einrichtungen so wenig meinem Sinn gemäß, dass es mir unmöglich wäre, zu ihrer Erhaltung oder Ausbildung mitzuwirken. Dabei wüsste ich doch oft nichts Besseres an ihre Stelle zu setzen – Ach, es ist so schwer, zu bestimmen, was gut ist, der Wirkung nach. Selbst manche von jenen Taten, welche die Geschichte bewundert, waren sie wohl gut in diesem reinen Sinne? Ist nicht oft ein Mann, der einem Volke nützlich ist, verderblich für zehn andere? – Ach, ich kann Dir das alles gar nicht aufschreiben, denn das ist ein endloses Thema. – Ich wäre auch in einer solchen Lage nicht glücklich, gar nicht glücklich. Doch das sollte mich noch nicht abhalten, hineinzutreten, wüsste ich nur etwas wahrhaft Gutes, etwas, das mit meinen innern Forderungen übereinstimmt, zu leisten. – Dazu kommt, dass mir auch, vielleicht durch meine eigne Schuld, die Möglichkeit, eine neue Laufbahn in meinem Vaterlande zu betreten, benommen. Wenigstens würde ich ohne Erniedrigung kaum, nachdem ich zweimal Ehrenstellen ausgeschlagen habe, wieder selbst darum anhalten können. Und doch würde ich auch dieses saure Mittel nicht scheuen, wenn es mich nur auch, zum Lohne, an meinen Zweck führte. – Die Wissenschaften habe ich ganz aufgegeben. Ich kann Dir nicht beschreiben, wie ekelhaft mir ein wissender Mensch ist, wenn ich ihn mit einem handelnden vergleiche. Kenntnisse, wenn sie noch einen Wert haben, so ist es nur, insofern sie vorbereiten zum Handeln. Aber unsere Gelehrten, kommen sie wohl, vor allem Vorbereiten, jemals zum Zweck? Sie schleifen unaufhörlich die Klinge, ohne sie jemals zu brauchen, sie lernen und lernen, und haben niemals Zeit, die Hauptsache zu tun. – Unter diesen Umständen in mein Vaterland zurückzukehren, kann unmöglich ratsam sein. Ja, wenn ich mich über alle Urteile hinweg setzen könnte, wenn mir ein *grünes Häuschen* beschert wäre, das mich und Dich empfinge – Du wirst mich, wegen dieser Abhängigkeit von dem Urteile anderer, schwach nennen, und ich muss Dir darin recht geben, so unerträglich mir das Gefühl auch ist. Ich selbst habe freilich durch einige seltsamen Schritte die Erwartung der Menschen gereizt; und was soll ich nun antworten, wenn sie die Erfüllung von mir fordern? Und warum *soll* ich denn grade *ihre* Erwartung erfüllen? O es ist mir zur Last – Es mag wahr sein, dass ich so eine Art von verunglücktem Genie bin, wenn auch nicht in ihrem Sinne verunglückt, doch in dem meinen. Kenntnisse, was sind sie? Und wenn Tausende mich darin überträfen, übertreffen sie mein Herz? Aber davon halten sie nicht viel – Ohne ein Amt in meinem Vaterlande zu leben, könnte ich jetzt auch wegen meiner Vermögensumstände fast nicht mehr. Ach, Wilhelmine, wie viele traurige Vorstellungen ängstigen mich unaufhörlich, und Du willst, ich soll Dir vergnügt schreiben? Und doch – habe noch ein wenig Geduld. Vielleicht, wenn der Anfang dieses Briefes nicht erfreulich ist, so ist es sein Ende. – Nahrungssorgen, für mich allein, sind es doch nicht eigentlich, die mich sehr ängstigen, denn wenn ich mich an das Bücherschreiben machen wollte, so könnte ich mehr, als ich bedarf, verdienen. Aber *Bücherschreiben* für Geld – o nichts davon. Ich habe mir, da ich unter den Menschen in dieser Stadt so wenig für mein Bedürfnis finde, in einsamer Stunde (denn ich gehe wenig aus) ein Ideal ausgearbeitet; aber ich begreife nicht, wie ein Dichter das Kind seiner Liebe einem so rohen Haufen, wie die Menschen sind, übergeben kann. Bastarde nennen sie es. Dich wollte ich wohl in das Gewölbe führen, wo ich mein Kind, wie eine vestalische Priesterin das ihrige, heimlich aufbewahre bei dem Schein der Lampe. – Also aus diesem Erwerbszweige wird nichts. Ich verachte ihn aus vielen Gründen, das ist genug. Denn nie in meinem Leben, und wenn das Schicksal noch so sehr drängte, werde ich etwas tun, das meinen innern Forderungen, sei es auch noch so leise, widerspräche. – Nun, liebe Wilhelmine, komme ich auf das Erfreuliche. Fasse Mut, sieh mein Bild an, und küsse es. – Da schwebt mir unaufhörlich ein Gedanke vor die Seele – aber wie werde ich ihn aussprechen, damit er Dir heiliger Ernst, und nicht kindisch-träumerisch erscheine? Ein Ausweg bleibt mir übrig, zu dem mich zugleich Neigung und Notwendigkeit führen. – Weißt Du, was die alten Männer tun, wenn sie 50 Jahre lang um Reichtümer und Ehrenstellen gebuhlt haben? Sie lassen sich auf einen Herd nieder, und bebauen ein Feld. Dann, und dann erst, nennen sie sich weise. – Sage mir, könnte man nicht klüger sein, als sie, und früher dahin gehen, wohin man am Ende doch soll? – Unter den persischen Magiern gab es ein religiöses Gesetz: ein Mensch könne nichts der Gottheit Wohlgefälligeres tun, als dieses, ein Feld zu bebauen, einen Baum zu pflanzen, und ein Kind zu zeugen. – Das nenne ich Weisheit, und keine Wahrheit hat noch so tief in meine Seele gegriffen, als diese. Das *soll* ich tun, das weiß ich *bestimmt* – Ach, Wilhelmine, welch ein unsägliches Glück mag in dem Bewusstsein liegen, seine Bestimmung ganz nach dem Willen der Natur zu erfüllen! Ruhe vor den Leidenschaften!! Ach, der unselige Ehrgeiz, er ist ein Gift für alle Freuden. – Darum will ich mich losreißen, von allen Verhältnissen, die mich unaufhörlich zwingen zu streben, zu beneiden, zu wetteifern. Denn nur in der Welt ist es schmerzhaft, wenig zu sein, außer ihr nicht. – Was meinst Du, Wilhelmine, ich habe noch etwas von meinem Vermögen, wenig zwar, doch wird es hinreichen mir etwa in der Schweiz einen Bauerhof zu kaufen, der mich ernähren kann, wenn ich selbst arbeite. Ich habe Dir das so trocken hingeschrieben, weil ich Dich durch Deine Fantasie nicht bestechen wollte. Denn sonst gibt es wohl keine Lage, die für ein reines Herz so unüberschwenglich reich an Genüssen wäre, als diese. – Die Romane haben unsern Sinn verdorben. Denn durch sie hat das Heilige aufgehört, heilig zu sein, und das reinste, menschlichste, einfältigste Glück ist zu einer bloßen Träumerei herabgewürdigt worden. – Doch wie gesagt, ich will Deine Fantasie nicht bestechen. Ich will die schöne Seite dieses Standes gar nicht berühren, und dies einem künftigen Briefe aufbewahren, wenn Du Geschmack an diesem Gedanken finden kannst. Für jetzt prüfe bloß mit Deiner Vernunft. Ich will im eigentlichsten Verstande *ein Bauer* werden, mit einem etwas wohlklingenderen Worte, ein Landmann. – Was meine Familie und die Welt dagegen einwenden möchte, wird mich nicht irre führen. Ein jeder hat seine eigne Art, glücklich zu sein, und niemand darf verlangen, dass man es in der seinigen sein soll. Was ich tue, ist nichts Böses, und die Menschen mögen über mich spötteln so viel sie wollen, heimlich in ihrem Herzen werden sie mich ehren müssen. – Doch wenn auch das nicht wäre, ich selbst ehre mich. Meine Vernunft will es so, und das ist genug.

Aber nun, Wilhelmine, wenn ich diese Forderung meiner Vernunft erfülle, wenn ich mir ein Landgut kaufe, bleibt mir dann kein Wunsch übrig? Fehlt mir dann nichts mehr? Fehlt mir nicht noch ein Weib? Und gibt es ein anderes für mich, als Du? Ach, Wilhelmine, wenn es möglich wäre, wenn Deine Begriffe von Glück hier mit den meinigen zusammenfielen! Denke an die heiligen Augenblicke, die wir durchleben könnten! Doch nichts davon, für jetzt – Denke jetzt vielmehr nur an das, was Dir in dieser Lage vielleicht weniger reizend scheinen möchte. Denke an das Geschäft, das Dir anheimfiele – aber dann denke auch an die Liebe, die es belohnen wird. – Wilhelmine! – Ach, viele Hindernisse schrecken mich fast zurück. Aber wenn es möglich wäre, sie zu übersteigen! – Wilhelmine! Ich fühle, dass es unbescheiden ist, ein *solches* Opfer von Dir zu verlangen. Aber wenn Du es mir bringen könntest! Deine Erziehung, Deine Seele, Dein ganzes bisheriges Leben ist von der Art, dass es einen solchen Schritt nicht *unmöglich* macht. – Indessen, vielleicht ist es doch anders. Ängstige Dich darum nicht. Ich habe kein Recht auf solche Aufopferungen, und wenn Du *dies* mir verweigerst, so werde ich *darum* an Deiner Liebe nicht zweifeln. – Indessen, liebes Mädchen, weiß ich nur fast keinen andern Ausweg. Ich habe mit Ulriken häufig meine Lage und die Zukunft überlegt, und das Mädchen tut alles Mögliche, mich, wie sie meint, auf den rechten Weg zurückzuführen. Aber das ist eben das Übel, dass jeder seinen Weg für den rechten hält. – Wenn Du einstimmen könntest in meinen innigsten Wunsch, dann, Wilhelmine, dann will ich Dir zeigen, welch ein Glück uns bevorsteht, an das kein anderes reicht. Dann erwarte einen froheren Brief von mir – Wenn ein solcher Schritt *wirklich* Dein Glück begründen könnte, so wird auch Dein Vater nichts dagegen einwenden. – Antworte mir bald. Mein Plan ist, den Winter noch in dieser traurigen Stadt zuzubringen, dann auf das Frühjahr nach der Schweiz zu reisen, und mir ein Örtchen auszusuchen, wo es Dir und mir und unsern Kindern einst wohlgefallen könnte. – Ich muss diesen Brief auf die Post tragen, denn mit Sehnsucht sehe ich Deiner Antwort entgegen.

- andere Beglücken
- sucht Weg zum Glück: → als Bauer in der Schweiz
  - wenig sein, kein Ehrgeiz
  - will seine Verlobte bei sich haben

- Wissenschaft aufgegeben: → Wissen ohne Handeln abstoßend
- Erwartungen fallen ihm zur Last
- will kein Geld durch seine Werke verdienen
- was Familie und Gesellschaft denkt, ist ihm egal → jeder soll nach seiner eigenen Art glücklich werden

Aufgabe

1. Erschließen Sie die thematischen Schwerpunkte des Briefes an Wilhelmine von Zenge. Tragen Sie sie in das Arbeitsblatt ein.

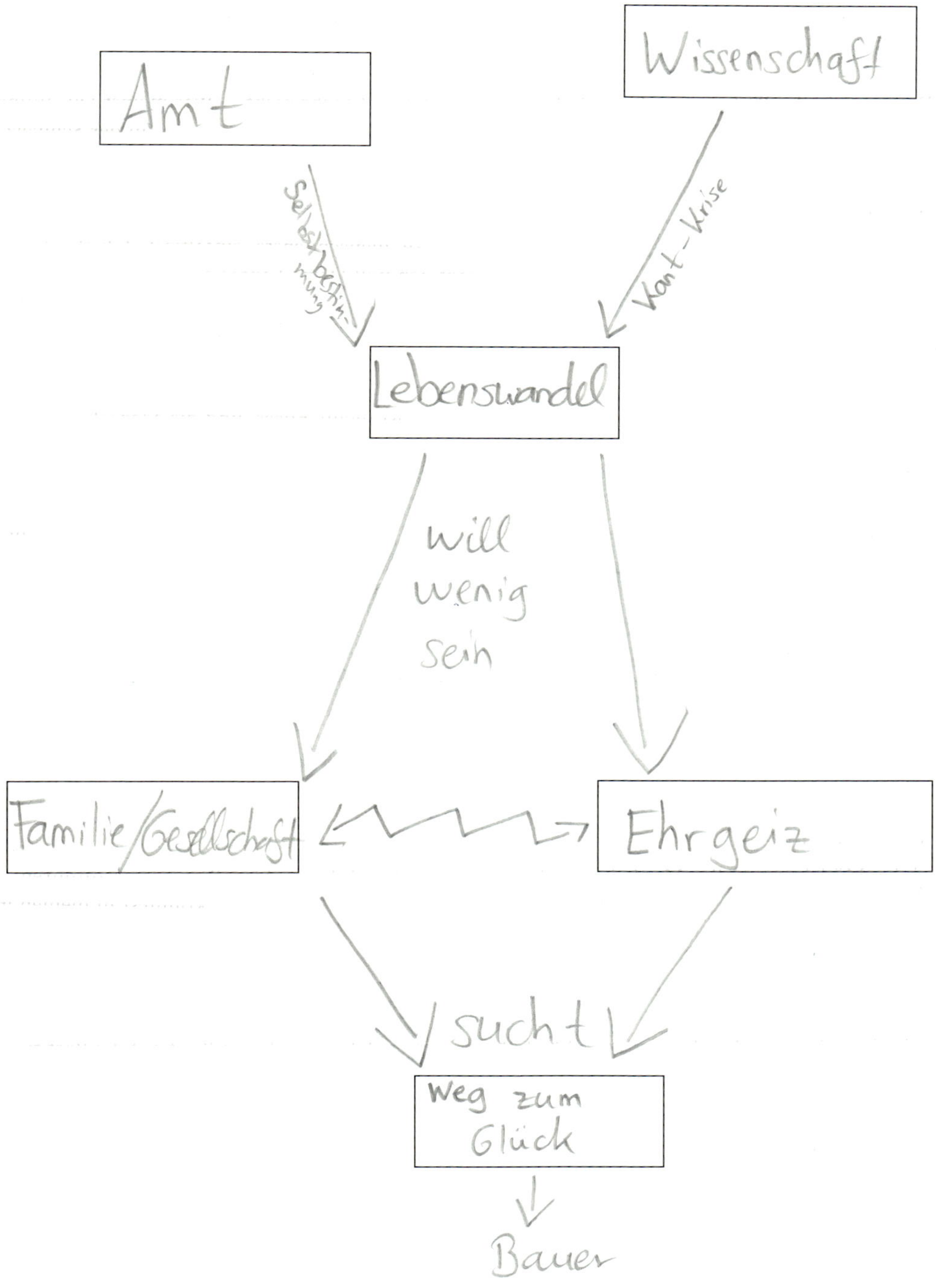

Aufgabe

1. Vergleichen Sie die Briefe Heinrich von Kleists an seine Schwester und an seine Verlobte im Hinblick auf thematische, inhaltliche und sprachlich-formale Gemeinsamkeiten und Unterschiede.

Brief aus Berlin vom 5. Februar 1801 an Halbschwester Ulrike von Kleist	Brief aus Paris vom 10. Oktober 1801 an Verlobte Wilhelmine von Zenge
Negative Darstellung der „volkreichen Königsstadt“ Berlin, das der Absender als „traurigen Ort“ bezeichnet.	

1.2 Anfänge als Dichter

Aare-Insel, Kleists Wohnsitz von Februar bis Juni 1802, Fotografie um 1900

Text

Den Winter 1801/1802 verbrachte Kleist in der Schweiz.

Heinrich Zschokke: Dichterwettstreit

Unter zahlreichen, lieben Bekannten, deren Umgang den Winter (1801/02) mir verschönte, befanden sich zwei junge Männer meines Alters, denen ich mich am liebsten hingab. Sie atmeten fast einzig für die Kunst des Schönen, für Poesie, Literatur und schriftstellerische Glorie. Der eine von ihnen, Ludwig *Wieland*, Sohn des Dichters, gefiel mir durch Humor und sarkastischen Witz, den ein Mienenspiel begleitete, welches auch Milzsüchtige zum Lachen getrieben hätte. Verwandter fühlt' ich mich dem andern, wegen seines gemütlichen, zuweilen schwärmerischen, träumerischen Wesens, worin sich immerdar der reinste Seelenadel offenbarte. Es war *Heinrich von Kleist*. Beide gewahrten in mir einen wahren Hyperboreer, der von der neuesten poetischen Schule Deutschlands kein Wort wusste. *Goethe* hieß ihr Abgott; nach ihm standen *Schlegel* und *Tieck* am höchsten, von denen ich bisher kaum mehr, als den Namen kannte. Sie machten mir's zur Todsünde, als ich ehrlich bekannte, dass ich Goethes Kunstgewandheit und Talentgröße mit Bewunderung anstaunen, aber *Schillern* mehr denn bewundern, dass ich ihn lieben müsse, weil sein Sang, naturwahr, aus der Tiefe deutschen Gemütes, begeisternd ans Herz der Hörer, nicht nur ans kunstrichternde Ohr, schlage. Wieland wollte sogar den Sänger des „Oberon", seinen Vater, nicht mehr Dichter heißen. Das gab unter uns manchen ergötzlichen Streit.

Zuweilen teilten wir uns auch freigebig von eignen poetischen Schöpfungen mit, was natürlich zu neckischen Glossen und Witzspielen den ergiebigsten Stoff lieferte. Als uns Kleist eines Tages sein Trauerspiel „Die Familie Schroffenstein" vorlas, ward im letzten Akt das allseitige Gelächter der Zuhörerschaft wie auch des Dichters, so stürmisch und endlos, dass, bis zu seiner letzten Mordszene zu gelangen, Unmöglichkeit wurde. Wir vereinten uns auch, wie *Virgils* Hirten, zum poetischen Wettkampf. In meinem Zimmer hing ein französischer Kupferstich, „La cruche cassée". In den Figuren desselben glaubten wir ein trauriges Liebespärchen, eine keifende Mutter mit einem zerbrochenen Majolika-Krug, und einen großnasigen Richter zu erkennen. Für Wieland sollte dies Aufgabe zu einer Satire, für Kleist zu einem Lustspiele, für mich zu einer Erzählung werden. – Kleists „Zerbrochner Krug" hat den Preis davongetragen.

Ludwig Wieland
= Sohn des berühmten Schriftstellers Ch. M. Wieland

Hyperboreer
= Angehörige eines weltabgeschiedenen Volkes der griechischen Sage

Schlegel und Tieck
= Schriftsteller, Vertreter der aufkommenden Romantik

Aufgabe

1. Informieren Sie sich über Kleists literarische Anfänge.

Text

An Wilhelmine von Zenge

Auf der Aarinsel bei Thun, den 20. Mai 1802

Ich werde wahrscheinlicherweise niemals in mein Vaterland zurückkehren. Ihr Weiber versteht in der Regel ein Wort in der deutschen Sprache nicht, es heißt Ehrgeiz. Es ist nur ein einziger Fall in welchem ich zurückkehre, wenn ich der Erwartung der Menschen, die ich törichterweise durch eine Menge von prahlerischen Schritten gereizt habe, entsprechen kann. Der Fall ist möglich, aber nicht wahrscheinlich. Kurz, kann ich nicht mit Ruhm im Vaterlande erscheinen, geschieht es nie. Das ist entschieden, wie die Natur meiner Seele.

Text

An Ulrike von Kleist

St. Omer, den 26. Oktober 1803

Mein Werk = Kleist hatte in Paris sein Drama „Robert Guiskard" verbrannt

Meine teure Ulrike! Was ich Dir schreiben werde, kann Dir vielleicht das Leben kosten; aber ich muss, ich muss, ich muss es vollbringen. Ich habe in Paris mein Werk, soweit es fertig war, durchlesen, verworfen, und verbrannt: und nun ist es aus. Der Himmel versagt mir den Ruhm, das größte der Güter der Erde; ich werfe ihm, wie ein eigensinniges Kind, alle übrigen hin. Ich kann mich deiner Freundschaft nicht würdig zeigen, ich kann ohne diese Freundschaft doch nicht leben: ich stürze mich in den Tod. Sei ruhig, Du Erhabene, ich werde den schönen Tod der Schlachten sterben. Ich habe die Hauptstadt dieses Landes verlassen, ich bin an seine Nordküste gewandert, ich werde französische Kriegsdienste nehmen, das Heer wird bald nach England hinüber rudern, unser aller Verderben lauert über den Meeren, ich frohlocke bei der Aussicht auf das unendlich-prächtige Grab. O du Geliebte, Du wirst mein letzter Gedanke sein!

Aufgabe

Online Link
Autorenlexikon Heinrich von Kleist
347494-0058

1. Informieren Sie sich über das Leben Heinrich von Kleists zwischen 1802 und 1811. Halten Sie wichtige Lebensstationen stichwortartig fest.
2. Ordnen Sie jeder Lebensstation einen charakteristischen Brief bzw. Briefausschnitt zu. Briefe finden Sie in einer Gesamtausgabe der Werke Kleists (z. B. von Helmut Sembdner oder Siegfried Streller) oder unter http://www.kleist.org/briefe/index.htm

Lektüretipp

1. Über Heinrich von Kleists Leben gibt es zahlreiche lesenswerte Biografien, hier eine kleine Auswahl:
   - Gerhard Schulz: Kleist. Eine Biographie. München: C. H. Beck 2007
   - Jens Bisky: Kleist. Eine Biographie. Berlin: Rowohlt 2007
   - Hans Georg Schede: Heinrich von Kleist. Hamburg: Rowohlt Taschenbuch Verlag 2008
2. Der Literaturwissenschaftler Helmut Sembdner hat in zwei Bänden zahlreiche Dokumente und Zeugnissen von Zeitgenossen Kleists zusammengetragen:
   - Helmut Sembdner (Hrsg.): Heinrich von Kleists Lebensspuren. Dokumente und Berichte der Zeitgenossen. München: dtv 1996
   - Helmut Sembdner (Hrsg.): Heinrich von Kleists Nachruhm. Eine Wirkungsgeschichte in Dokumenten. München: dtv 1996

1.3 Abschied vom Leben

Text

An Marie von Kleist

Berlin, den 10. November 1811

Deine Briefe haben mir das Herz zerspalten, meine teuerste Marie, und wenn es in meiner Macht gewesen wäre, so versichre ich Dir, ich würde den Entschluss zu sterben, den ich gefasst habe, wieder aufgegeben haben. Aber ich schwöre Dir, es ist mir ganz unmöglich länger zu leben; meine Seele ist so wund, dass mir, ich möchte fast sagen, wenn ich die Nase aus dem Fenster stecke, das Tageslicht wehe tut, das mir darauf schimmert. Das wird mancher für Krankheit und überspannt halten; nicht aber Du, die fähig ist, die Welt auch aus andern Standpunkten zu betrachten als aus dem Deinigen. Dadurch dass ich mit Schönheit und Sitte, seit meiner frühsten Jugend an, in meinen Gedanken und Schreibereien, unaufhörlichen Umgang gepflogen, bin ich so empfindlich geworden, dass mich die kleinsten Angriffe, denen das Gefühl jedes Menschen nach dem Lauf der Dinge hienieden ausgesetzt ist, doppelt und dreifach schmerzen. (...) Die Allianz, die der König jetzt mit den Franzosen schließt, ist auch nicht eben gemacht mich im Leben festzuhalten. Mir waren die Gesichter der Menschen schon jetzt, wenn ich ihnen begegnete, zuwider, nun würde mich gar, wenn sie mir auf der Straße begegneten, eine körperliche Empfindung anwandeln, die ich hier nicht nennen mag. Es ist zwar wahr, es fehlte mir sowohl als ihnen an Kraft, die Zeit wieder einzurücken; ich fühle aber zu wohl, dass der Wille, der in meiner Brust lebt, etwas anderes ist, als der Wille derer, die diese witzige Bemerkung machen: dergestalt, dass ich mit ihnen nichts mehr zu schaffen haben mag. Was soll man doch, wenn der König diese Allianz abschließt, länger bei ihm machen? Die Zeit ist ja vor der Tür, wo man wegen der Treue gegen ihn, der Aufopferung und Standhaftigkeit und aller andern bürgerlichen Tugenden, von ihm selbst gerichtet, an den Galgen kommen kann.

Marie von Kleist = Kusine Kleists

Text

An Marie von Kleist

Berlin, den 19. November 1811

Meine liebste Marie, mitten in dem Triumphgesang, den meine Seele in diesem Augenblicke des Todes anstimmt, muss ich noch einmal Deiner gedenken und mich Dir, so gut wie ich kann, offenbaren: Dir, der einzigen, an deren Gefühl und Meinung mir etwas gelegen ist; alles andere auf Erden, das Ganze und Einzelne, habe ich völlig in meinem Herzen überwunden. Ja, es ist wahr, ich habe Dich hintergangen, oder vielmehr habe ich mich selbst hintergangen; wie ich Dir aber tausendmal gesagt habe, dass ich dies nicht überleben würde, so gebe ich Dir jetzt, indem ich von Dir Abschied nehme, davon den Beweis. Ich habe Dich während deiner Abwesenheit in Berlin gegen eine andere Freundin vertauscht; aber wenn Dich das trösten kann, nicht gegen eine, die mit mir leben, sondern, die im Gefühl, dass ich ihr ebenso wenig treu sein würde, wie Dir, mit mir sterben will. Mehr Dir zu sagen, lässt mein Verhältnis zu dieser Frau nicht zu. Nur so viel wisse, dass meine Seele, durch die Berührung mit der ihrigen, zum Tode ganz reif geworden ist; dass ich die ganze Herrlichkeit des menschlichen Gemüts an dem ihrigen ermessen habe, und dass ich sterbe, weil mir auf Erden nichts mehr zu lernen und zu erwerben übrig bleibt. Lebe wohl! Du bist die Allereinzige auf Erden, die ich jenseits wiederzusehen wünsche. Etwa Ulriken? – ja, nein, nein, ja: es soll von ihrem eignen Gefühl abhangen. Sie hat, dünkt mich, die Kunst nicht verstanden, sich aufzuopfern, ganz für das, was man liebt, in Grund und Boden gehen: das Seligste, was sich auf Erden erdenken lässt, ja worin der Himmel bestehen muss, wenn es wahr ist, dass man darin vergnügt und glücklich ist. Adieu! – Rechne hinzu, dass ich eine Freundin gefunden habe, deren Seele wie ein junger Adler fliegt, wie ich noch in meinem Leben nichts Ähnliches gefunden habe; die meine Traurigkeit als eine höhere, festgewurzelte und unheilbare begreift, und deshalb, obschon sie Mittel genug in Händen hätte mich hier zu beglücken, mit mir sterben will; die mir die unerhörte Lust gewährt, sich, um dieses Zweckes willen, so leicht aus einer ganz wunschlosen Lage, wie ein Veilchen aus eine Wiese, herausheben zu lassen; die einen Vater, der sie anbetet, einen Mann, der großmütig genug war sie mir abtreten zu wollen, ein Kind, so schön und schöner als die Morgensonne, um meinetwillen verlässt: und Du wirst begreifen, dass meine ganze jauchzende Sorge nur sein kann, einen Abgrund tief genug zu finden, um mit ihr hinabzustürzen. – Adieu noch einmal! –

Text

An Marie von Kleist

(Stimmings Krug bei Potsdam, den 21. November 1811)

Meine liebste Marie, wenn Du wüsstest, wie der Tod und die Liebe sich abwechseln, um diese letzten Augenblicke meines Lebens mit Blumen, himmlischen und irdischen, zu bekränzen, gewiss Du würdest mich gern sterben lassen. Ach, ich versichre Dich, ich bin ganz selig. Morgens und abends knie ich nieder, was ich nie gekonnt habe, und bete zu Gott; ich kann ihm mein Leben, das allerqualvollste, das je ein Mensch geführt hat, jetzo danken, weil er es mir durch den herrlichsten und wollüstigsten aller Tode vergütigt. Ach, könnt ich nur etwas für Dich tun, das den herben Schmerz, den ich Dir verursachen werde, mildern könnte! Auf einen Augenblick war es mein Wille mich malen zu lassen, aber alsdann glaubte ich wieder zuviel Unrecht gegen Dich zu haben, als dass mir erlaubt sein könnte vorauszusetzen, mein Bild würde Dir viel Freude machen. Kann es Dich trösten, wenn ich Dir sage, dass ich diese Freundin niemals gegen Dich vertauscht haben würde, wenn sie weiter nichts gewollt hätte, als mit mir leben? Gewiss, meine liebste Marie, so ist es; es hat Augenblicke gegeben, wo ich meiner lieben Freundin, offenherzig, diese Worte gesagt habe. Ach, ich versichre Dich, ich habe Dich so lieb, Du bist mir so überaus teuer und wert, dass ich kaum sagen kann, ich liebe diese liebe vergötterte Freundin mehr als Dich. Der Entschluss, der in ihrer Seele aufging, mit mir zu sterben, zog mich, ich kann Dir nicht sagen, mit welcher unaussprechlichen und unwiderstehlichen Gewalt, an ihre Brust; erinnerst Du Dich wohl, dass ich Dich mehrmals gefragt habe, ob Du mit mir sterben willst? – Aber Du sagtest immer nein – Ein Strudel von nie empfundner Seligkeit hat mich ergriffen, und ich kann Dir nicht leugnen, dass mir ihr Grab lieber ist als die Betten aller Kaiserinnen der Welt. – Ach, meine teure Freundin, möchte Dich Gott bald abrufen in jene bessere Welt, wo wir uns alle, mit der Liebe der Engel, einander werden ans Herz drücken können. – Adieu.

Text

An Ulrike von Kleist

Ich kann nicht sterben, ohne mich, zufrieden und heiter, wie ich bin, mit der ganzen Welt, und somit auch, vor allen anderen, meine teuerste Ulrike, mit Dir versöhnt zu haben. (…) wirklich, Du hast an mir getan, ich sage nicht, was in Kräften einer Schwester, sondern in Kräften eines Menschen stand, um mich zu retten: die Wahrheit ist, dass mir auf Erden nicht zu helfen war. Und nun lebe wohl; möge Dir der Himmel einen Tod schenken, nur halb an Freude und unaussprechlicher Heiterkeit, dem meinigen gleich: das ist der herzlichste und innigste Wunsch, den ich für Dich aufzubringen weiß.

Dein Heinrich

Stimmings bei Potsdam
d. – am Morgen meines Todes.

Kleists Grab am Wannsee, Holzstich nach einer Zeichnung von Ernst Höppner, 1882

Kreative Aufgabe

1. Informieren Sie sich über die genauen Umstände von Kleists Tod. Verfassen Sie eine kurze Zeitungsmeldung, in der sein Leben resümiert und Gründe für seinen Selbstmord genannt werden.

2 Kleists Leben aus der Distanz von heute – autobiografische Zeugnisse bewerten

Text

Rüdiger Safranski: Kleist – der Wunsch nach einem selbstbestimmten Leben

Am 5. Februar 1801 schreibt der vierundzwanzigjährige Heinrich von Kleist an seine Schwester Ulrike:

„Ach, liebe Ulrike, ich passe mich nicht unter die Menschen, es ist eine traurige Wahrheit, aber eine Wahrheit … Indessen wenn ich mich in Gesellschaft nicht wohl befinde, so geschieht dies weniger, weil andere, als vielmehr weil ich mich selbst nicht zeige, wie ich es wünsche. Die Notwendigkeit, eine Rolle zu spielen, und eine innerer Widerwillen dagegen machen mir jede Gesellschaft lästig, und froh kann ich nur in meiner eignen Gesellschaft sein, weil ich da ganz wahr sein darf. Das darf man unter den Menschen nicht, und keiner ist es …"

Das klingt, trotz aller Selbstkritik, vorwurfsvoll: die Gesellschaft schließt das „wahre" Sein aus. Kleist klagt im Geiste Rousseaus. Aber anders als Rousseau plagen ihn Selbstzweifel. Ist es wirklich nur die Gesellschaft, die ihn hindert, sich „zu zeigen", wie er ist?

Jean-Jacques Rousseau (1712–1778) = frz.-schweiz. Philosoph und Schriftsteller, forderte ein Zurück zum naturhaften Urzustand der Menschheit

Kleist verweist auf seine „unerklärliche Verlegenheit", die „wahrscheinlich eine ganz physische Ursache" habe. Befangen macht ihn die eigene körperliche Erscheinung: die Kleinwüchsigkeit, der große, runde Kopf, das fleischige Gesicht; Zeitgenossen berichten, dass Kleist leicht errötete und ins Stottern kam, wenn er in Gesellschaft sprach. Oft wirkte er abwesend, dann wieder konnte es sein, dass er lossprudelte, bis irgendein Hindernis – es konnte eine erstaunte Miene, eine Unaufmerksamkeit, ein Türenschlagen sein – ihn plötzlich wieder verstummen ließ; er konnte nur mit höchster Intensität oder gar nicht sprechen. Daher die Atemlosigkeit, die sich auch in seiner Dichtung bemerkbar macht. Es herrscht dort eine hastige Konsequenz, eine überstürzte Eile, wie von der Furcht getrieben, man könnte den Faden und damit alles verlieren, jedes Innehalten könnte Absturz bedeuten.

Mit dem Hinweis auf die „Verlegenheit" gibt sich Kleist nicht zufrieden. Er ist sich des positiven Wertes seines Inneren nicht sicher. Er schwankt. Das eine Mal gilt ihm die Tatsache, dass sein Inneres nicht verstrickt ist in die „Meinungen, gleichen Interessen, gleichen Wünsche, Hoffnungen und Aussichten" der anderen, als Beweis seines höheren, einmaligen Wertes. Das andere Mal ekelt es ihn vor dem eigenen, so verborgen gehaltenen Inneren. „Ach, es gibt", so Kleist im zuerst zitierten Brief von 1801, „eine traurige Klarheit, mit welcher die Natur viele Menschen … zu ihrem Glück verschont hat … sie zeigt mir … mich selbst in meiner ganzen armseligen Blöße, und dem Herzen ekelt zuletzt vor dieser Nacktheit …"

Vor den Selbstzweifeln schützt nur die Selbstvergessenheit. „Meine heitersten Augenblicke sind solche, wo ich mich selbst vergesse", schreibt er. Leider kann man nicht mit Absicht vergessen. Und so bleibt nur die Sehnsucht nach Unmittelbarkeit, nach einem Sein, das unbefangen in sich ruht, weil es noch nicht oder nicht mehr unter dem Zwang steht, sich selbst begreifen zu müssen. Es ist der alte Traum vom Paradies, aus dem wir vertrieben wurden, als wir vom „Baum der Erkenntnis" gegessen haben. Wie dieser „Sündenfall" sich stets aufs Neue ereignet, wie aber auch die paradiesische Unbefangenheit gelingen kann – davon wird Kleist in seinen Werken träumen. In seinem Leben aber kann er den Verlust an Unmittelbarkeit nicht rückgängig machen. Der Riss zwischen Innen und Außen bleibt, und Kleist schwankt zwischen emphatischer Selbstidentifikation und Selbstekel. Und in diesem Schwanken ergreift ihn eine „Ängstlichkeit, eine Beklommenheit", die Seekrankheit des gefährdeten Selbstseins. (…)

Bis ins Jahr 1799 gibt ihm das Militär diesen Halt. Nach dem Gesetz des junkerlichen Herkommens war der Knabe von der Familie unter die preußischen Kadetten gesteckt worden. Doch schon als Siebzehnjähriger empfindet er diesen Außenhalt als Qual. Vom Feldzug der Koalition gegen das revolutionäre Frankreich schreibt er 1794 in einem Brief: „Gebe uns der Himmel nur Frieden, um die Zeit, die wir hier so unmoralisch töten, mit menschenfreundlicheren Taten bezahlen zu können." Als er 1799 gegen den Wunsch seiner Angehörigen die Militärlaufbahn abbricht, schreibt er an seinen ehemaligen Hauslehrer, er müsse einen Stand verlassen, „in welchem ich … immer zweifelhaft war, ob ich als Mensch oder als Offizier handeln musste; denn die Pflichten beider zu vereinen, halte ich bei dem jetzigen Zustande der Armee für unmöglich."

Kleist verlässt das Militär, weil er seinen „Pflichten als Mensch" nachkommen will. Nicht von „Herzenswünschen" ist hier die Rede, sondern davon, dass er die „Menschheit" in sich ehren wolle. Auf das „Herz" mag er sich noch nicht verlassen. Nicht seiner Besonderheit, sondern einem „Allgemeinen" will er sich überlassen. Er sucht Schutz bei den populären Aufklärungsideen der Selbstvervollkommnung, der Tugend und der Vernunft. Im Mai 1799 entwirft er einen „Lebensplan“, zu dessen gewissenhafter Einhaltung er sich anhält. „Ein freier, denkender Mensch“, schreibt Kleist im Mai 1799 an Ulrike, „bleibt da nicht stehen, wo der Zufall ihn hinstößt … Er fühlt, dass man sich über das Schicksal erheben könne … Er entwirft sich seinen Lebensplan … Ein schönes Kennzeichen eines solchen Menschen, der nach sichern Prinzipien handelt, ist Konsequenz, Zusammenhang und Einheit in seinem Betragen. Das hohe Ziel, dem er entgegenstrebt, ist das Mobil aller seiner Gedanken, Empfindungen und Handlungen. Alles, was er denkt, fühlt und will, hat Bezug auf dieses Ziel, alle Kräfte seiner Seele und seines Körpers streben nach diesem gemeinschaftlichen Ziel. Nie werden seine Worte seinen Handlungen, oder umgekehrt, widersprechen.“

Gegen die Fremdbestimmung, wie er sie erfahren hatte, als man ihn ins Militär steckte, setzt er die Selbstbestimmung. Gegen die Fremdbeherrschung, die er dort erdulden musste, setzt er die Selbstbeherrschung. Gegen die Abhängigkeit von Zufall und Schicksal setzt er den Plan der eigenen Vernunft. Gegen die Vergeudung von Lebenszeit setzt er ihre rastlose Verwertung, gegen das Sichgehenlassen die Arbeit der Selbst-Vervollkommnung. Der ideologische Optimismus dieses Programms soll gegen das schwankende, unverlässliche Innere, aus dem dunkle Sinnlosigkeitsgefühle aufsteigen, abschirmen. Noch ehe Kleist literarische Werke hervorbringen wird, will er das eigene Leben zu einem in sich geschlossenen, gegen die Einbrüche der Sinnlosigkeit und des Zufalls abgedichteten Werk machen. Von nun an soll gelten: Ich bin, wozu ich mich gemacht haben werde.

Kleist beabsichtigt, das Wissen, die Wahrheiten der Wissenschaften zum Stoff seines Lebens zu machen. Die Ordnung des Wissens soll sich in die Ordnung seines Lebens verwandeln. Vorzugsweise beschäftigt sich Kleist mit der Mathematik und den Naturwissenschaften, also mit den Disziplinen des Wissens, die auf eine strikte Gesetzmäßigkeit hinführen. Man drängt ihn, sein Wissen zu verwerten und sich in ein Zivilamt zu schicken. Man legt ihm nahe, sich Spezialwissen anzueignen. Das alles empfindet er als Zumutung. Es erschüttert seinen auf die moralische Bedeutung der Wissenschaft gestützten Lebensplan.

Kleist hält es, auf sich selbst zurückgeworfen, nicht mehr bei sich aus. Er will wieder hinaus. Hinaus kommt man aber nur durch Handeln. Er will handeln, er sagt: „Handeln ist besser als Wissen.“ Aber eine sinnhafte äußere Ordnung, die dem individuellen Handeln einen über die eigene Person hinausgehenden Sinn verleiht, gibt es für ihn nicht mehr. Ihn quält ein paradoxer Zustand: in ihm wirke ein „heftiger Trieb zu Tätigkeit, und doch ohne Ziel“. Und andererseits: „Von ganzer Seele sehne ich mich, wonach die ganze Schöpfung und alle immer langsamer und langsamer rollenden Weltkörper streben, nach Ruhe!“ (an Wilhelmine, 9.4.1801).

Kleist sucht nach einem verlangsamenden Handeln, das ihn gleichzeitig vor den sinnverlassenen komplizierten Handlungsketten der Gesellschaft schützt. Seine rousseauistisch inspirierte Idee: er will sich als Bauer in der Schweiz niederlassen: „Ein Feld bebauen, einen Baum pflanzen, ein Kind zeugen.“

Er will sich in einen überschaubaren Nahbereich einschließen. Er träumt davon, in den Naturkreislauf einzutreten. Die äußere und die innere Natur einfach wachsen zu lassen. Das ist der Traum einer Rückkehr in die vorkulturelle Sinnhaftigkeit der „natürlichen“ Lebensvorgänge. Ein Traum der wiederhergestellten Unmittelbarkeit. Er muss alles fernhalten, was ihn aus diesem Traum aufwecken könnte. Das aber gelingt ihm nicht. Der gesellschaftliche Ehrgeiz reißt ihn aus dem Traum. Er hatte sich vom Ehrgeiz, der ihn an die gesellschaftliche Außenwelt ausliefert, losreißen wollen. Der Rückzug in die Schweiz war als Radikalkur gedacht. Er wollte lernen, „wenig zu sein“. Aber dieses Lernpensum ist zu schwer. Beim Versuch, sich von der gesellschaftlichen Außenwelt loszureißen, bemerkt er, wie tief sie in ihm steckt. Der Ehrgeiz, dort draußen etwas zu gelten, lässt ihn nicht los. Er verwickelt ihn auch am abgeschiedenen Ort in die Gesellschaft der Konkurrenz und des Geltungsdranges.

Er erträgt es nicht, dass die Familie ihn für einen Gescheiterten hält. Er hat sich vor den oft herablassenden Blicken der anderen verbergen wollen; aber er will nicht im Verborgenen bleiben. Es soll der Augenblick kommen, da er strahlend hervortritt: als Triumphator, als Sieger. Nur ein halbes Jahr nach seiner Absage an den Ehrgeiz schreibt er an Wilhelmine: „Ihr Weiber versteht in der Regel ein Wort in der deutschen Sprache nicht, es heißt Ehrgeiz. Kann ich nicht mit Ruhm im Vaterland erscheinen, geschieht es nie. Das ist entschieden, wie die Natur meiner Seele.“ Womit kann er Ehre einlegen, welche Talente hat er noch nicht genutzt? Mit den Wahrheiten der Wissenschaft ist er nicht glücklich geworden. Wenn es keine Wahrheiten zu finden gibt, welche die Mühe lohnen, dann muss man sie eben erfinden.

Erfinden statt finden – Kleist entdeckt seine Berufung zum Dichter. Nach innen bedeutet das: Kleist folgt dem Gefühl, dass die Welt nur noch als ästhetisches Phänomen zu rechtfertigen sei. Und der äußere Sinn dieses Schrittes: Die Freunde und Verwandten haben seinen Rückzug in die Schweiz als sozialen Tod gewertet, er aber beweist es ihnen: es wird eine Auferstehung geben, einen glänzenden Auftritt auf den Brettern, die die Welt bedeuten. Ein wilder Ehrgeiz, ein unbändiger Wille, als Sieger aus der Verborgenheit hervorzutreten, machen Kleist zum Dichter.

Als Dichter will er in der äußeren Welt wieder auftreten – mit einem Stück über die Macht des Auftritts. „Robert Guiskard, Herzog der Normänner“ soll das titanenhafte Werk heißen. Kleist scheitert an dem Stück. Er kann sich dabei nicht verhehlen, dass er doppelt gescheitert ist. Er hat das Stück nicht fertiggebracht und er hat es nicht fertiggebracht, den Ehrgeiz zu überwinden. Nachdem der „Auftritt" misslungen ist, will Kleist im Spätsommer 1803 ein für allemal verschwinden. Er will den „schönen Tod der Schlachten sterben". Aber – und das ist auffällig – er sucht ihn nicht etwa in der preußischen Armee, sondern im französischen Heer unter Napoleon.

Er will sterben für die napoleonischen Franzosen, die er am meisten verachtet, die er die „Affen der Vernunft" nennt. Sie repräsentieren für ihn das schlimmste Außen, das sich denken lässt. Sie haben, so sieht er es, alle inneren Werte des Lebens ausgehöhlt durch ihren Rationalismus, ihren Ökonomismus, ihre Genussucht und Oberflächlichkeit, kurz, durch ihre ganze Zivilisation.

Es ist fast so, als wolle Kleist sich dafür bestrafen, dass der Ehrgeiz ihn herausgelockt hat: jetzt befindet er sich wieder im Außen, ohne groß herausgekommen zu sein, jetzt will er im schlimmsten Außen, das für ihn Napoleon repräsentiert, untergehen. Kleist hatte zwei Jahre zuvor einmal geschrieben: „Ich will mich nicht mehr übereilen … denn ich verachte entweder alsdann meine Seele oder die Erde, und trenne sie."

Aufgabe

1. Erläutern Sie, wie der Verfasser die Lebensstationen Kleists deutet.

Text

Gerhard Schulz: Ein schwieriger Mensch

Heinrich von Kleist galt als ein schwieriger Mensch. Aber was heißt das schon, denn wer schließlich eicht die Maße und Gewichte, mit denen ein Mensch gemessen und gewogen wird! „Größe 5 Fuß drei Zoll, Haar und Augenbrauen kastanienbraun, Augen blau, Nase klein, Mund mittelgroß, Kinn rund, Gesicht oval", beschreibt ein französischer Pass diesen Henry-Bernd-Guillaume Kleist, „geboren zu Francfort (Oder)" und derzeit – das war im Jahre 1807 – achtundzwanzig Jahre alt, was nicht stimmte, denn Heinrich von Kleist wurde 1777 geboren. Als man ihn 1811 auf dem Totenbett maß, notierte der Arzt für die Körpergröße lediglich „sechs Zoll", weil nach preußischer Landessitte die fünf Fuß ausgeklammert wurden, die das Mindestmaß für einen Soldaten darstellten; darunter wurden selbst in Kriegszeiten keine Rekruten eingezogen. Von mittlerer Größe also war Kleist, etwa einen Meter und zweiundsiebzig Zentimeter groß – drei oder vier Zentimeter größer als Goethe und ganze fünfzehn mehr als Napoleon; nur Schiller hätte sie alle überragt. Kleist hat keinem von ihnen je gegenübergestanden, und doch haben alle drei auf sehr verschiedene Weise seinen Lebensgang beeinflusst.

Wer anderen Menschen als schwierig erscheint, hat es zumeist am schwersten selbst. Unzufrieden mit sich und der ganzen Welt sei Kleist oft gewesen, habe mit sich gehadert, sich für unbrauchbar und unfähig gehalten, sich nicht nur die Arbeit, sondern überhaupt das Dasein schwer gemacht. Der kostbare, schützende und lebenserhaltende Besitz von ruhigem Ebenmaß und innerem Gleichgewicht ist ihm ebenso wenig zuteil geworden wie die Freiheit, ohne ständige Sorge um das Geld das zu tun, was er am besten glaubte tun zu können. So haben ihn denn die anderen als ernst und düster, ja finster erlebt – (…)

Wie auch immer die einen oder anderen ihn indes bei einer oder der anderen Gelegenheit erlebt haben, Einigkeit herrscht darin, dass man ihn als „wahr" und aufrichtig empfand und so ganz ohne „alles Gemachte", allerdings auch als Mensch mit dem bestimmten Wunsche, „wahr" zu sein, und da wiederum bedingungslos und zum „Alles oder nichts" neigend. Für Clemens Brentano war er „kindergut" und ein „kurioser, guter, grober, bornierter, dummer, eigensinniger, mit langsamem Konsequenztalent herrlich ausgerüsteter Mensch" – Brentano wusste ja aus eigener Erfahrung einiges von den Gegensätzlichkeiten im Inneren eines Menschen und modellierte Kleist hier wohl sogar liebevoll ein wenig nach sich selbst.

Die Nachwelt hat viele Urteile der Zeitgenossen über Heinrich von Kleist und Eindrücke von ihm zusammengetragen, die allesamt von der Wesensart der Personen abhängen, die sie abgaben in Gesprächen, Briefen und Erinnerungen, und ebenso abhängen von den jeweiligen Umständen, unter denen sie entstanden. Manche der Beobachtungen über Kleist sind momentane, unmittelbare, höchst subjektive, oft auch beiläufige Eindrücke, andere wieder entstammen Aufzeichnungen aus ferner und wohl auch unsicherer Erinnerung. So treten aus der Fülle des Gesammelten vor allem die Beobachtungen derjenigen Menschen heraus, die ihm nicht nur nahe standen, sondern denen auch die Sprache zu Gebote stand, sie auszudrücken. Für Christoph Martin Wieland, der wohl als Erster überhaupt die Eigenart und Größe von Kleists kreativer Kraft erkannte, nachdem er ihn als Gast auf seinem Gute in Oßmannstedt eine Zeit lang um sich gehabt hatte, war es „etwas Rätselhaftes", „Geheimnisvolles", das er in ihm spürte – das „Air eines Menschen", der sich zuweilen in der Gesellschaft der andren „allein glaubt", weil etwas in ihm arbeitete, das nach Ausdruck drängte. Und als Kleist schließlich aus dem Gedächtnis Szenen aus jener Tragödie um den Normannenfürsten Robert Guiskard vordeklamierte, da war Wieland durchaus bereit, keine geringeren als die Geister von Aeschylus, Sophokles und Shakespeare als Paten dieses neuen, jungen Dichters zu erkennen. Und so zögerte er auch nicht mit der außerordentlichen Prognose: Kleist „sei dazu geboren, die große Lücke in unserer dermaligen Literatur auszufüllen, die (nach meiner Meinung wenigstens) selbst von Goethe und Schiller noch nicht ausgefüllt worden ist." Zugleich habe er, Wieland, aber auch gespürt, dass er von Kleist „wie ein Sohn" geliebt und geehrt werde, nur dass diesem Satz dann noch die Einschränkung folgt, zu einem „offenen und vertraulichen Benehmen" sei Kleist nicht zu bringen gewesen. Es sind Worte aus einem Brief Wielands an den Mainzer Arzt Georg Christian Gottlob Wedekind, auf die später ausführlicher noch einmal zurückzukommen sein wird. Louise Wieland aber, die damals dreizehnjährige Tochter, zwischen der und dem Hausgast eine zarte Neigung entstanden war, hat später von ihm als dem „zauberischen Kléist" gesprochen.

So haben sich denn die Kleist Wohlgesonnenen, ihn Schätzenden, Achtenden, Bewundernden, aber von ihm zugleich immer wieder Irritierten mit den Worten „Genie" und „Genialität" beholfen, mit Begriffen also, die im Grunde nur Unfassbares markieren, mit deren Hilfe man aber jene Mitte zu finden sucht, die sich unmittelbar in den Widersprüchlichkeiten einer realen und eben schwierigen Person nicht leicht finden lässt, und mit denen man überdies das eigene Gleichgewicht einem solchen Menschen gegenüber zu bewahren sucht. (…)

Und Kleist – wie sah er sich selbst? Zu befragen sind hier allein seine Briefe, denn Tagebücher, die er gelegentlich geführt zu haben scheint, oder das „Magazin" seiner „Seele", wenn es denn je existierte, sind nicht überliefert. Sein dichterisches Werk aber ist nicht für unmittelbar autobiografische Auskunft benutzbar; dessen Besonderheit und Außerordentlichkeit beruht gerade darin, dass es scheinbar ganz unabhängig von seinem Schöpfer existiert. Für die Briefe aber gilt die gleiche Einschränkung, die schon hinsichtlich der Zeugnisse über ihn zu machen war: Sie sind Produkte bestimmter Situationen und nicht nur Selbstausdruck, sie sind an andere Menschen gerichtete Dokumente und damit zugleich auf die Eigenheiten von Adressaten bezogen, auf die sie wirken sollen. Kleist aber war in seinen Briefen geradezu ein Meister der Suggestion und der versuchten Manipulation, nicht selten auch der Autosuggestion hinsichtlich bevorstehenden eigenen Glückes und Gelingens. So weichen seine Eindrücke in ein und derselben Sache oder Situation von denen anderer oft beträchtlich ab. Wenn Wieland über Kleists Mangel an „offenem und vertraulichem Benehmen" klagte, schrieb dieser hingegen der Schwester Ulrike, dass er eben dort, bei Wieland, „ungewöhnlich hoffnungsreich" sei, bald „viel Frohes" zu schreiben haben werde und sich wohl gar „allem Erdenglück" nähere – und erklärte im selben Brief dann doch, dass „sein seltsames Schicksal" ihn wieder von diesem Ort vertreibe. Vom Bewusstsein dieses „seltsamen Schicksals" zeugen seine Briefe allerorten, denn so gern Kleist den Rettungsring der Selbsttäuschung ergriff – im Grunde hat er sich nie über die unvereinbaren Gegensätze, die Widersprüchlichkeiten seines Wesens und deren Unbeherrschbarkeit durch die Kontrolle nüchternen Verstandes getäuscht, und er hat das dann auch als Leiden empfunden.

„Ich weiß nicht, was ich dir über mich unaussprechlichen Menschen sagen soll. – Ich wollte ich könnte mir das Herz aus dem Leibe reißen, in diesen Brief packen, und dir zuschicken – Dummer Gedanke!", schreibt er der Schwester Ulrike, wobei das „unaussprechlich" auch wörtlich gemeint war, denn von früh an hat Kleist die Unzulänglichkeiten der Sprache gespürt, die ihm versagten, das in Worte zu fassen, was ihn bewegte, wenigstens nicht in den weiten Dimensionen, in denen er dachte und empfand. „Wie soll ich es möglich machen, in einem Briefe etwas so Zartes, als ein Gedanke ist, auszuprägen? Ja, wenn man Tränen schreiben könnte". Dahinter steht nun in der Tat das freilich unstillbare Bedürfnis, die Grenzen zu sprengen, die die Fülle des Gefühlten und Gedachten von den begrenzten Möglichkeiten aller auf Zeichen beschränkten Sprache trennen. Kleists Werk hat dann gerade aus dem Wunsch nach einer Überwindung dieser Grenzen viel von seiner besonderen Kraft gezogen. Aber das Arbeiten wurde ihm schwer, er hat immer und immer wieder an seinen Manuskripten geändert, und die Unzufriedenheit mit dem Vollbrachten nötigte ihn zu immer neuen Fassungen des Geschriebenen, wenn er es nicht ganz und gar verwarf und womöglich vernichtete.

Kleists tiefes Ungenügen an den Ausdrucksmöglichkeiten der Sprache war indes nur Teil eines sehr viel größeren, existenziell bedingten Krisenbewusstseins. Immer wieder wird er in Verzweiflung gestürzt, wenn sich ihm die Erfüllung von Plänen, Wünschen, Hoffnungen entzieht oder wenigstens in seinen Augen zu entziehen scheint, und die Klage über seine Unfähigkeit, mit anderen ruhig und glücklich zu leben, sind Legion. Ja, Heinrich von Kleist war sich selbst durchaus ein schwieriger Mensch. (…)

Nun sind Kleists Briefe nicht schlechterdings nur Klagelieder über die eigene Unzulänglichkeit und die Fremdheit anderen Menschen und überhaupt der Welt gegenüber. Herzenswärme, Anteilnahme an Freude und Schmerz derer, die ihm nahe standen, sind ebenso ihr Gegenstand, und von eigenen Glücksempfindungen sowie insbesondere von Hoffnungen und Plänen ist oft genug darin die Rede. Aber gerade die seiner reichen Fantasie entspringenden Pläne deuten dann auch wieder auf den unsicheren, ja trügerischen Boden, auf dem Kleist sie errichtete, und machten ihn zum ersten Opfer seiner eigenen suggestiven Sprachkraft. Neue Enttäuschung und neues Leiden waren auf diese Weise unvermeidlich, fehlte ihm eben doch die klare Erkenntnis, dass die Kollision zwischen seinen Erwartungen und der Wirklichkeit im Wesentlichen nicht von der Wirklichkeit herrührten, sondern von seinen Erwartungen, die er mit ihr nicht abzustimmen wusste. Die momentane Reaktion darauf war dann Misanthropie, so in einem Brief vom Februar 1801: „Ach, liebe Ulrike, ich passe mich nicht unter die Menschen, es ist eine traurige Wahrheit, aber eine Wahrheit; und wenn ich den Grund ohne Umschweife angeben soll, so ist es dieser: sie gefallen mir nicht." Zeigten ihm aber einige unter diesen Menschen, und es waren stets nur wenige, wie sehr sie ihn schätzten, dann bestand die Gefahr, ihnen wiederum nicht zu genügen: „Ich bin nicht, was die Menschen von mir halten, mich drücken ihre Erwartungen", schreibt er im Januar 1802 an die Schwester. „Ach, es ist unverantwortlich, den Ehrgeiz in uns zu erwecken, eine Furie zum Raube sind wir hingegeben – Aber nur *in* der Welt wenig zu sein, ist schmerzhaft, *außer* ihr nicht." (...)

Woran es Heinrich von Kleist tatsächlich fehlte, war ein gutes Maß an Lebensklugheit, also der Fähigkeit, die Gegebenheiten des eigenen Wesens mit den Möglichkeiten und Gelegenheiten seiner Umwelt in Übereinstimmung zu bringen und besonnene Entscheidung zu treffen, ohne sich bloßzustellen oder gar der eigenen Würde zu begeben. Den Versprechungen, die er leidenschaftlich verkündete, den Plänen und Projekten, die er sich vornahm, stand ja allzu oft das Ende im Misserfolg und in einer Krise auf die Stirn geschrieben. Nur müssen eben Dichter wie alle Künstler nicht unbedingt weise oder lebensklug sein. Allerdings werden sie wohl gerade deshalb so leicht Opfer ihrer Lebensumstände.

Die Hauptschuld an Leiden und tragischem Ende Heinrich von Kleists ist oft jener Welt preußisch-militärischer Zucht und Ordnung zugeschrieben worden, in die er hineingeboren wurde, und sicherlich war es die Verständnislosigkeit seiner Mitmenschen überhaupt, an der er litt. Nur lässt sich ein Menschenleben nicht auf einen Nenner bringen, denn bei genauerer Prüfung zeigt sich durchaus, dass Kleists gesellschaftliche Situation ihn nicht chancenlos ließ. Er gehörte nicht zu den Unterprivilegierten seines Landes, sein König kannte ihn und gewährte ihm seine Bitten, und überhaupt war dieses Preußen kein kunstfeindliches Land. Aber für sein Werk fehlte ihm dennoch ein verständnisbereites Publikum, und wo sich dieses ihm womöglich öffnen wollte, verschloss er es sich durch Akte manchmal geradezu horrender Unklugheit. Nur wäre dann eben ein weiser, lebenskluger Kleist auch schon nicht mehr Kleist gewesen.

Preußische Tugenden: Fleiß, Ordnung, Disziplin, Mut, patriotisch

Aufgabe

1. Vergleichen Sie die beiden Textauszüge mit Blick auf die Bewertung von Kleists Leben: Welche charakterlichen Eigenschaften werden ihm jeweils zugesprochen.

2. Prüfen Sie, welchen Stellenwert die beiden Autoren den Briefen von Kleist als Selbstzeugnissen beimessen.

Rüdiger Safranski: Briefe hoher Stellenwert
Gerhard Schulz: geringen Wert, Selbstdarstellung, Zeitzeugen wichtig

Kompetenzen

Was Sie wissen müssen:

- wichtige Stationen (Verlassen des Soldatenstandes, Aufenthalt in der Schweiz und erste literarische Versuche, Selbstmord am Wannsee) und Personen (Halbschwester Ulrike von Kleist, Verlobte Wilhelmine von Zenge, Kusine Marie von Kleist) im Leben von Heinrich von Kleist
- zentrale Lebensfragen bei Heinrich von Kleist (Verlassen der ursprünglich vorgezeichneten Lebensbahn, welchen Brotberuf einschlagen?, Schriftstellerei als Beruf, Todeswunsch) + Aufklärung + Kant

Was Sie können müssen:

- Briefe thematisch erschließen
- Briefe vor dem Hintergrund der Biografie des Verfassers bewerten
- literaturwissenschaftliche Texte vergleichen und bewerten

Problemhorizont

Kleists literaturtheoretische Reflexionen

Von vielen Schriftstellern existieren zahlreiche Zeugnisse, in denen sie über ihr Kunst- und Dichtungsverständnis reflektieren und aus denen sich ableiten lässt, wie sie ihr dichterisches Schaffen verstanden haben wollen. Kleist dagegen hat nur einen größeren Essay hinterlassen, aus dem sich seine Positionen erschließen lassen. Bei der Schrift „Über das Marionettentheater“ handelt es sich der Form nach um einen Dialog, der theoretische Reflexionen mit einer poetischen Gestaltung vereint, was die Lektüre besonders anspruchsvoll macht und das Verständnis erschwert.

Inhaltlich steht die Gefährdung der „Anmut“ und „Grazie“ im Mittelpunkt: Anders als Friedrich Schiller dies in seinem Aufsatz „Über Anmut und Würde“ (1793) postuliert hatte, sieht Kleist „Anmut“ und „Grazie“ nicht durch eine moralische und damit rationale Kategorie, sondern vielmehr durch das naturgemäße Tun des Einzelnen bestimmt.

Aufgabe zur Selbsteinschätzung

1. Notieren Sie, was Sie über die Kunstauffassung der Weimarer Klassik und der Frühromantiker wissen.
2. Ordnen Sie die Novelle „Das Erdbeben in Chili“ literaturgeschichtlich ein. Halten Sie fest, welche Schwierigkeiten sich dabei ergeben.
3. Was bedeuten die Begriffe „Anmut“ und „Grazie“ für Sie? Wie könnten sich „Anmut“ und „Grazie“ bei einer Marionette zeigen, wer wäre dafür verantwortlich? Halten Sie Ihre Gedanken stichwortartig fest.

„Anmut“ und „Grazie“

1 „Welche Unordnung ... das Bewusstsein anrichtet ...“ – einen poetologischen Text erschließen

Text

Heinrich von Kleist: Französisches Exerzitium, das man nachmachen sollte

Ein französischer Artillerie-Kapitän, der, bei Beginn einer Schlacht, eine Batterie, bestimmt, das feindliche Geschütz in Respekt zu halten oder zu Grund zu richten, platzieren will, stellt sich zuvörderst in der Mitte des ausgewählten Platzes, es sei nun ein Kirchhof, ein sanfter Hügel oder die Spitze eines Gehölzes, auf: er drückt sich, während er den Degen zieht, den Hut in die Augen, und inzwischen die Karren, im Regen der feindlichen Kanonenkugeln, von allen Seiten rasselnd, um ihr Werk zu beginnen, abprotzen, fasst er mit der geballten Linken, die Führer der verschiedenen Geschütze (die Feuerwerker) bei der Brust, und mit der Spitze des Degens auf einen Punkt des Erdbodens hinzeigend, spricht er: „hier stirbst du!“, wobei er ihn ansieht – und zu einem Anderen: „hier du!“ – und zu einem Dritten und Vierten und alle Folgenden: „hier du! hier du! hier du!“ – und zu dem Letzten: „hier du!“ – – Diese Instruktion an die Artilleristen, bestimmt und unverklausuliert, an dem Ort wo die Batterie aufgefahren wird zu sterben, soll, wie man sagt, in der Schlacht, wenn sie gut ausgeführt wird, die außerordentlichste Wirkung tun.

abprotzen = ein Geschütz in Stellung zum Feuern bringen

Text

Heinrich von Kleist: Von der Überlegung (Eine Paradoxe)

Man rühmt den Nutzen der Überlegung in alle Himmel; besonders der kaltblütigen und langwierigen, vor der Tat. Wenn ich ein Spanier, ein Italiener oder ein Franzose wäre: so möchte es damit sein Bewenden haben. Da ich aber ein Deutscher bin, so denke ich meinem Sohn einst, besonders wenn er sich zum Soldaten bestimmen sollte, folgende Rede zu halten.

„Die Überlegung, wisse, findet ihren Zeitpunkt weit schicklicher nach, als vor der Tat. Wenn sie vorher, oder in dem Augenblick der Entscheidung selbst, ins Spiel tritt; so scheint sie nur die zum Handeln nötige Kraft, die aus dem herrlichen Gefühl quillt, zu verwirren, zu hemmen und zu unterdrücken; dagegen sich nachher, wenn die Handlung abgetan ist, der Gebrauch von ihr machen lässt, zu welchem sie dem Menschen eigentlich gegeben ist, nämlich sich dessen, was in dem Verfahren fehlerhaft und gebrechlich war, bewusst zu werden, und das Gefühl für andere künftige Fälle zu regulieren. Das Leben selbst ist ein Kampf mit dem Schicksal; und es verhält sich auch mit dem Handeln wie mit dem Ringen. Der Athlet kann, in dem Augenblick, da er seinen Gegner umfasst hält, schlechthin nach keiner anderen Rücksicht, als nach bloßen augenblicklichen Eingebungen verfahren; und derjenige, der berechnen wollte, welche Muskeln er anstrengen, und welche Glieder er in Bewegung setzen soll, um zu überwinden, würde unfehlbar den kürzeren ziehen, und unterliegen. Aber nachher, wenn er gesiegt hat oder am Boden liegt, mag es zweckmäßig und an seinem Ort sein, zu überlegen, durch welchen Druck er seinen Gegner niederwarf, oder welch ein Bein er ihm hätte stellen sollen, um sich aufrecht zu erhalten. Wer das Leben nicht, wie ein solcher Ringer, umfasst hält und tausendgliedrig, nach allen Windungen des Kampfs, nach allen Widerständen, Drücken, Ausweichungen und Reaktionen, empfindet und spürt: der wird, was er will, in keinem Gespräch, durchsetzen; viel weniger in einer Schlacht.“

Aufgabe

1. Bestimmen Sie die Textsorte des ersten Textes
2. Fassen Sie die wesentlichen Aussagen der beiden Texte zusammen, und vergleichen Sie die Positionen.
3. Erörtern/Diskutieren Sie die Aussagen.

Text

Heinrich von Kleist: Über das Marionettentheater

Als ich den Winter 1801 in M... zubrachte, traf ich daselbst eines Abends, in einem öffentlichen Garten, den Herrn C. an, der seit kurzem, in dieser Stadt, als erster Tänzer der Oper, angestellt war, und bei dem Publiko außerordentliches Glück machte.

Ich sagte ihm, dass ich erstaunt gewesen wäre, ihn schon mehrere Male in einem Marionettentheater zu finden, das auf dem Markte zusammengezimmert worden war, und den Pöbel, durch kleine dramatische Burlesken, mit Gesang und Tanz durchwebt, belustigte.

Er versicherte mir, dass ihm die Pantomimik dieser Puppen viel Vergnügen machte, und ließ nicht undeutlich merken, dass ein Tänzer, der sich ausbilden wolle, mancherlei von ihnen lernen könne.

Da die Äußerung mir, durch die Art, wie er sie vorbrachte, mehr, als ein bloßer Einfall schien, so ließ ich mich bei ihm nieder, um ihn über die Gründe, auf die er eine so sonderbare Behauptung stützen könne, näher zu vernehmen.

Er fragte mich, ob ich nicht, in der Tat, einige Bewegungen der Puppen, besonders der kleineren, im Tanz sehr graziös gefunden hatte.

Diesen Umstand konnte ich nicht leugnen. Eine Gruppe von vier Bauern, die nach einem raschen Takt die Ronde tanzte, hätte von Teniers nicht hübscher gemalt werden können

David Teniers d. J. (1610–1690) = flämischer Maler, bekannt für seine Bauernszenen

Ich erkundigte mich nach dem Mechanismus dieser Figuren, und wie es möglich wäre, die einzelnen Glieder derselben und ihre Punkte, ohne Myriaden von Fäden an den Fingern zu haben, so zu regieren, als es der Rhythmus der Bewegungen, oder der Tanz, erfordere?

Er antwortete, dass ich mir nicht vorstellen müsse, als ob jedes Glied einzeln, während der verschiedenen Momente des Tanzes, von dem Maschinisten gestellt und gezogen würde.

Jede Bewegung, sagte er, hätte einen Schwerpunkt; es wäre genug, diesen, in dem Innern der Figur, zu regieren; die Glieder, welche nichts als Pendel wären, folgten, ohne irgend ein Zutun, auf eine mechanische Weise von selbst.

Er setzte hinzu, dass diese Bewegung sehr einfach wäre; dass jedesmal, wenn der Schwerpunkt in einer *graden Linie* bewegt wird, die Glieder schon Kurven beschrieben; und dass oft, auf eine bloß zufällige Weise erschüttert, das Ganze schon in eine Art von rhythmische Bewegung käme, die dem Tanz ähnlich wäre.

Diese Bemerkung schien mir zuerst einiges Licht über das Vergnügen zu werfen, das er in dem Theater der Marionetten zu finden vorgegeben hatte. Inzwischen ahndete ich bei weitem die Folgerungen noch nicht, die er späterhin daraus ziehen würde.

Ich fragte ihn, ob er glaubte, dass der Maschinist, der diese Puppen regierte, selbst ein Tänzer sein, oder wenigstens einen Begriff vom Schönen im Tanz haben müsse?

Er erwiderte, dass wenn ein Geschäft, von seiner mechanischen Seite, leicht sei, daraus noch nicht folge, dass es ganz ohne Empfindung betrieben werden könne.

Die Linie, die der Schwerpunkt zu beschreiben hat, wäre zwar sehr einfach, und, wie er glaube, in den meisten Fällen, gerad. In Fällen, wo sie krumm sei, scheine das Gesetz ihrer Krümmung wenigstens von der ersten oder höchstens zweiten Ordnung; und auch in diesem letzten Fall nur elliptisch, welche Form der Bewegung den Spitzen des menschlichen Körpers (wegen der Gelenke) überhaupt die natürliche sei, und also dem Maschinisten keine große Kunst koste, zu verzeichnen.

Dagegen wäre diese Linie wieder, von einer andern Seite, etwas sehr Geheimnisvolles. Denn sie wäre nichts anders, als der *Weg der Seele des Tänzers*; und er zweifle dass sie anders gefunden werden könne, als dadurch, dass sich der Maschinist in den Schwerpunkt der Marionette versetzt, d. h. mit andern Worten, *tanzt.*

Ich erwiderte, dass man mir das Geschäft desselben als etwas ziemlich Geistloses vorgestellt hätte: etwa was das Drehen einer Kurbel sei, die eine Leier spielt.

Keineswegs, antwortete er. Vielmehr verhalten sich die Bewegungen seiner Finger zur Bewegung der daran befestigten Puppen ziemlich künstlich, etwa wie Zahlen zu ihren Logarithmen oder die Asymptote zur Hyperbel.

Inzwischen glaube er, dass auch dieser letzte Bruch von Geist, von dem er gesprochen, aus den Marionetten entfernt werden, dass ihr Tanz gänzlich ins Reich mechanischer Kräfte hinübergespielt, und vermittelst einer Kurbel, so wie ich es mir gedacht, hervorgebracht werden könne.

Ich äußerte meine Verwunderung zu sehen, welcher Aufmerksamkeit er diese, für den Haufen erfundene, Spielart einer schönen Kunst würdigte. Nicht bloß, dass er sie einer höheren Entwicklung für fähig halte: er scheine sich sogar selbst damit zu beschäftigen.

Er lächelte, und sagte, er getraue sich zu behaupten, dass wenn ihm ein Mechanikus, nach den Forderungen, die er an ihn zu machen dächte, eine Marionette bauen wollte, er vermittelst derselben einen Tanz darstellen würde, den weder er, noch irgend ein anderer geschickter Tänzer seiner Zeit, Vestris selbst nicht ausgenommen, zu erreichen imstande wäre.

Haben Sie, fragte er, da ich den Blick schweigend zur Erde schlug: haben Sie von jenen mechanischen Beinen gehört, welche englische Künstler für Unglückliche verfertigen, die ihre Schenkel verloren haben?

Ich sagte, nein: dergleichen wäre mir nie vor Augen gekommen.

Es tut mir leid, erwiderte er; denn wenn ich Ihnen sage, dass diese Unglücklichen damit tanzen, so fürchte ich fast, Sie werden es mir nicht glauben. – Was sag ich, tanzen? Der Kreis ihrer Bewegungen ist zwar beschränkt; doch diejenigen, die ihnen zu Gebote stehen, vollziehen sich mit einer Ruhe, Leichtigkeit und Anmut, die jedes denkende Gemüt in Erstaunen setzen.

Ich äußerte, scherzend, dass er ja, auf diese Weise, seinen Mann gefunden habe. Denn derjenige Künstler, der einen so merkwürdigen Schenkel zu bauen imstande sei, würde ihm unzweifelhaft auch eine ganze Marionette, seinen Forderungen gemäß, zusammensetzen können.

Wie, fragte ich, da er seinerseits ein wenig betreten zur Erde sah: wie sind denn diese Forderungen, die Sie an die Kunstfertigkeit desselben zu machen gedenken, bestellt?

Nichts, antwortete er, was sich nicht auch schon hier fände; Ebenmaß, Beweglichkeit, Leichtigkeit – nur alles in einem höheren Grade; und besonders eine naturgemäßere Anordnung der Schwerpunkte.

Und der Vorteil, den diese Puppe vor lebendigen Tänzern voraus haben würde?

Der Vorteil? Zuvörderst ein negativer, mein vortrefflicher Freund, nämlich dieser, dass sie sich niemals *zierte*. – Denn Ziererei erscheint, wie Sie wissen, wenn sich die Seele (vis motrix) in irgendeinem andern Punkte befindet, als in dem Schwerpunkt der Bewegung. Da der Maschinist nun schlechthin, vermittelst des Drahtes oder Fadens, keinen andern Punkt in seiner Gewalt hat, als diesen: so sind alle übrigen Glieder, was sie sein sollen, tot, reine Pendel, und folgen dem bloßen Gesetz der Schwere; eine vortreffliche Eigenschaft, die man vergebens bei dem größesten Teil unsrer Tänzer sucht.

Sehen Sie nur die P... an, fuhr er fort, wenn sie die Daphne spielt, und sich, verfolgt vom Apoll, nach ihm umsieht; die Seele sitzt ihr in den Wirbeln des Kreuzes; sie beugt sich, als ob sie brechen wollte, wie eine Najade aus der Schule Bernins. Sehen Sie den jungen F... an, wenn er, als Paris, unter den drei Göttinnen steht, und der Venus den Apfel überreicht; die Seele sitzt ihm gar (es ist ein Schrecken, es zu sehen) im Ellenbogen.

Gian Lorenzo Bernini (1598–1680) = bedeutender italienischer Bildhauer und Architekt des Barock

Solche Missgriffe, setzte er abbrechend hinzu, sind unvermeidlich, seitdem wir von dem Baum der Erkenntnis gegessen haben. Doch das Paradies ist verriegelt und der Cherub hinter uns; wir müssen die Reise um die Welt machen, und sehen, ob es vielleicht von hinten irgendwo wieder offen ist.

Ich lachte. – Allerdings, dachte ich, kann der Geist nicht irren, da, wo keiner vorhanden ist. Doch ich bemerkte, dass er noch mehr auf dem Herzen hatte, und bat ihn, fortzufahren.

Zudem, sprach er, haben diese Puppen den Vorteil, dass sie *antigrav* sind. Von der Trägheit der Materie, dieser dem Tanze entgegenstrebendsten aller Eigenschaften, wissen sie nichts: weil die Kraft, die sie in die Lüfte erhebt, größer ist, als jene, die sie an der Erde fesselte Was würde unsre gute G... darum geben, wenn sie sechzig Pfund leichter wäre, oder ein Gewicht von dieser Größe ihr bei ihren Entrechats und Pirouetten, zu Hülfe käme? Die Puppen brauchen den Boden nur, wie die Elfen, um ihn zu *streifen*, und den Schwung der Glieder, durch die augenblickliche Hemmung neu zu beleben; wir brauchen ihn, um darauf zu ruhen, und uns von der Anstrengung des Tanzes zu erholen: ein Moment, der offenbar selber kein Tanz ist, und mit dem sich weiter nichts anfangen lässt, als ihn möglichst verschwinden zu machen.

Ich sagte, dass, so geschickt er auch die Sache seiner Paradoxe führe, er mich doch nimmermehr glauben machen würde, dass in einem mechanischen Gliedermann mehr Anmut enthalten sein könne, als in dem Bau des menschlichen Körpers.

Er versetzte, dass es dem Menschen schlechthin unmöglich wäre, den Gliedermann darin auch nur zu erreichen. Nur ein Gott könne sich, auf diesem Felde, mit der Materie messen; und hier sei der Punkt, wo die beiden Enden der ringförmigen Welt in einander griffen.

Ich erstaunte immer mehr, und wusste nicht, was ich zu so sonderbaren Behauptungen sagen sollte.

Es scheine, versetzte er, indem er eine Prise Tabak nahm, dass ich das dritte Kapitel vom ersten Buch Moses nicht mit Aufmerksamkeit gelesen; und wer diese erste Periode aller menschlichen Bildung nicht kennt, mit dem könne man nicht füglich über die folgenden, um wie viel weniger über die letzte, sprechen.

Ich sagte, dass ich gar wohl wüsste, welche Unordnungen, in der natürlichen Grazie des Menschen, das Bewusstsein anrichtet. Ein junger Mann von meiner Bekanntschaft hätte, durch eine bloße Bemerkung, gleichsam vor meinen Augen, seine Unschuld verloren, und das Paradies derselben, trotz aller ersinnlichen Bemühungen, nachher niemals wieder gefunden. – Doch, welche Folgerungen, setzte ich hinzu, können Sie daraus ziehen?

Er fragte mich, welch einen Vorfall ich meine?

Ich badete mich, erzählte ich, vor etwa drei Jahren, mit einem jungen Mann, über dessen Bildung damals eine wunderbare Anmut verbreitet war. Er mochte ohngefähr in seinem sechzehnten Jahre stehn, und nur ganz von fern ließen sich, von der Gunst der Frauen herbeigerufen, die ersten Spuren von Eitelkeit erblicken. Es traf sich, dass wir grade kurz zuvor in Paris den Jüngling gesehen hatten, der sich einen Splitter aus dem Fuße zieht; der Abguss der Statue ist bekannt und befindet sich in den meisten deutschen Sammlungen. Ein Blick, den er in dem Augenblick, da er den Fuß auf den Schemel setzte, um ihn abzutrocknen, in einen großen Spiegel warf, erinnerte ihn daran; er lächelte und sagte mir, welch eine Entdeckung er gemacht habe. In der Tat hatte ich, in eben diesem Augenblick, dieselbe gemacht; doch sei es, um die Sicherheit der Grazie, die ihm beiwohnte, zu prüfen, sei es, um seiner Eitelkeit ein wenig heilsam zu begegnen: ich lachte und erwiderte – er sähe wohl Geister! Er errötete, und hob den Fuß zum zweitenmal, um es mir zu zeigen; doch der Versuch, wie sich leicht hätte voraussehen lassen, missglückte. Er hob verwirrt den Fuß zum dritten und vierten, er hob ihn wohl noch zehnmal: umsonst er war außerstande dieselbe Bewegung wieder hervorzubringen – was sag ich? die Bewegungen, die er machte, hatten ein so komisches Element, dass ich Mühe hatte, das Gelächter zurückzuhalten: –

Von diesem Tage, gleichsam von diesem Augenblick an, ging eine unbegreifliche Veränderung mit dem jungen Menschen vor. Er fing an, tagelang vor dem Spiegel zu stehen; und immer ein Reiz nach dem anderen verließ ihn. Eine unsichtbare und unbegreifliche Gewalt schien sich, wie ein eisernes Netz, um das freie Spiel seiner Gebärden zu legen, und als ein Jahr verflossen war, war keine Spur mehr von der Lieblichkeit in ihm zu entdecken, die die Augen der Menschen sonst, die ihn umringten, ergötzt hatte. Noch jetzt lebt jemand, der ein Zeuge jenes sonderbaren und unglücklichen Vorfalls war, und ihn, Wort für Wort, wie ich ihn erzählt, bestätigen könnte. –

Bei dieser Gelegenheit, sagte Herr C... freundlich, muss ich Ihnen eine andere Geschichte erzählen, von der Sie leicht begreifen werden, wie sie hierher gehört.

Livland = Gegend zwischen Lettland und Estland

Ich befand mich, auf meiner Reise nach Russland, auf einem Landgut des Herrn v. G..., eines livländischen Edelmanns, dessen Söhne sich eben damals stark im Fechten übten. Besonders der ältere, der eben von der Universität zurückgekommen war, machte den Virtuosen, und bot mir, da ich eines Morgens auf seinem Zimmer war, ein Rapier an. Wir fochten; doch es traf sich, dass ich ihm überlegen war; Leidenschaft kam dazu, ihn zu verwirren; fast jeder Stoß, den ich führte, traf, und sein Rapier flog zuletzt in den Winkel. Halb scherzend, halb empfindlich, sagte er, indem er das Rapier aufhob, dass er seinen Meister gefunden habe: doch alles auf der Welt finde den seinen, und fortan wolle er mich zu dem meinigen führen. Die Brüder lachten laut auf, und riefen: Fort! fort! In den Holzstall herab! und damit nahmen sie mich bei der Hand und führten mich zu einem Bären, den Herr v. G... ihr Vater, auf dem Hofe auferziehen ließ.

Der Bär stand, als ich erstaunt vor ihn trat, auf den Hinterfüßen, mit dem Rücken an einem Pfahl gelehnt, an welchem er angeschlossen war, die rechte Tatze schlagfertig erhoben, und sah mir ins Auge: das war seine Fechterpositur. Ich wusste nicht, ob ich träumte, da ich mich einem solchen Gegner gegenüber sah; doch: stoßen Sie! stoßen Sie! sagte Herr v. G... und versuchen Sie, ob Sie ihm eins beibringen können! Ich fiel, da ich mich ein wenig von meinem Erstaunen erholt hatte, mit dem Rapier auf ihn aus; der Bär machte eine ganz kurze Bewegung mit der Tatze und parierte den Stoß. Ich versuchte ihn durch Finten zu verfuhren; der Bär rührte sich nicht. Ich fiel wieder, mit einer augenblicklichen Gewandtheit, auf ihn aus, eines Menschen Brust würde ihn ohnfehlbar getroffen haben: der Bär machte eine ganz kurze Bewegung mit der Tatze und parierte den Stoß. jetzt war ich fast in dem Fall des jungen Herrn v. G… Der Ernst des Bären kam hinzu, mir die Fassung zu rauben, Stöße und Finten wechselten sich, mir triefte der Schweiß: umsonstl Nicht bloß, dass der Bär, wie der erste Fechter der Welt, alle meine Stöße parierte; auf Finten (was ihm kein Fechter der Welt nachmacht) ging er gar nicht einmal ein: Aug in Auge, als ob er meine Seele darin lesen könnte, stand er, die Tatze schlagfertig erhoben, und wenn meine Stöße nicht ernsthaft gemeint waren, so rührte er sich nicht.

Glauben Sie diese Geschichte?

Vollkommen! rief ich, mit freudigem Beifall; jedwedem Fremden, so wahrscheinlich ist sie; um wie viel mehr Ihnen!

Nun, mein vortrefflicher Freund, sagte Herr C…, so sind Sie im Besitz von allem, was nötig ist, um mich zu begreifen. Wir sehen, dass in dem Maße, als, in der organischen Welt, die Reflexion dunkler und schwächer wird, die Grazie darin immer strahlender und herrschender hervortritt. – Doch so, wie sich der Durchschnitt zweier Linien, auf der einen Seite eines Punkts, nach dem Durchgang durch das Unendliche, plötzlich wieder auf der andern Seite einfindet, oder das Bild des Hohlspiegels, nachdem es sich in das Unendliche entfernt hat, plötzlich wieder dicht vor uns tritt: so findet sich auch, wenn die Erkenntnis gleichsam durch ein Unendliches gegangen ist, die Grazie wieder ein; so, dass sie, zu gleicher Zeit, in demjenigen menschlichen Körperbau am reinsten erscheint, der entweder gar keins, oder ein unendliches Bewusstsein hat, d.h. in dem Gliedermann, oder in dem Gott.

Mithin, sagte ich ein wenig zerstreut, müssten wir wieder von dem Baum der Erkenntnis essen, um in den Stand der Unschuld zurückzufallen? Allerdings, antwortete er, das ist das letzte Kapitel von der Geschichte der Welt.

Aufgabe

1. Gliedern Sie den Text. Fassen Sie die zentralen Aussagen der einzelnen Abschnitte zusammen.
2. Beziehen Sie bei der Untersuchung die Bibeltexte auf S. 72/73 sowie die Abbildung des Dornausziehers ein.
3. Nennen Sie die Stadien, in die Kleist die Entwicklungsgeschichte der Menschen fasst.
4. Beziehen Sie bei der Analyse des letzten Abschnittes Jesaja 11 sowie die Abbildungen auf S. 73 ff. mit ein.
5. Vergleichen Sie die letzten Abschnitte mit Kleists „Erdbeben in Chili“.

Text

Genesis, Kapitel 2 und 3

Das Paradies

[7]Da formte Gott, der Herr, den Menschen aus Erde vom Ackerboden und blies in seine Nase den Lebensatem. So wurde der Mensch zu einem lebendigen Wesen. [8]Dann legte Gott, der Herr, in Eden, im Osten, einen Garten an und setzte dorthin den Menschen, den er geformt hatte. [9]Gott, der Herr, ließ aus dem Ackerboden allerlei Bäume wachsen, verlockend anzusehen und mit köstlichen Früchten, in der Mitte des Gartens aber den Baum des Lebens und den Baum der Erkenntnis von Gut und Böse. (...) [15]Gott, der Herr, nahm also den Menschen und setzte ihn in den Garten von Eden, damit er ihn bebaue und hüte. [16]Dann gebot Gott, der Herr, dem Menschen: Von allen Bäumen des Gartens darfst du essen, [17]doch vom Baum der Erkenntnis von Gut und Böse darfst du nicht essen; denn sobald du davon isst, wirst du sterben. [18]Dann sprach Gott, der Herr: Es ist nicht gut, dass der Mensch allein bleibt. Ich will ihm eine Hilfe machen, die ihm entspricht. [19]Gott, der Herr, formte aus dem Ackerboden alle Tiere des Feldes und alle Vögel des Himmels und führte sie dem Menschen zu, um zu sehen, wie er sie benennen würde. Und wie der Mensch jedes lebendige Wesen benannte, so sollte es heißen. [20]Der Mensch gab Namen allem Vieh, den Vögeln des Himmels und allen Tieren des Feldes. Aber eine Hilfe, die dem Menschen entsprach, fand er nicht. [21]Da ließ Gott, der Herr, einen tiefen Schlaf auf den Menschen fallen, sodass er einschlief, nahm eine seiner Rippen und verschloss ihre Stelle mit Fleisch. [22]Gott, der Herr, baute aus der Rippe, die er vom Menschen genommen hatte, eine Frau und führte sie dem Menschen zu. [23]Und der Mensch sprach: Das endlich ist Bein von meinem Bein / und Fleisch von meinem Fleisch. / Frau soll sie heißen; / denn vom Mann ist sie genommen. [24]Darum verlässt der Mann Vater und Mutter und bindet sich an seine Frau, und sie werden ein Fleisch. [25]Beide, Adam und seine Frau, waren nackt, aber sie schämten sich nicht voreinander.

Der Fall des Menschen

3 Die Schlange war schlauer als alle Tiere des Feldes, die Gott, der Herr, gemacht hatte. Sie sagte zu der Frau: Hat Gott wirklich gesagt: Ihr dürft von keinem Baum des Gartens essen? [2]Die Frau entgegnete der Schlange: Von den Früchten der Bäume im Garten dürfen wir essen, [3]nur von den Früchten des Baumes, der in der Mitte des Gartens steht, hat Gott gesagt. Davon dürft ihr nicht essen, und daran dürft ihr nicht rühren, sonst werdet ihr sterben. Darauf sagte die Schlange zur Frau: Nein, ihr werdet nicht sterben. [5]Gott weiß vielmehr: Sobald ihr davon esst, gehen euch die Augen auf; ihr werdet wie Gott und erkennt Gut und Böse. [6]Da sah die Frau, dass es köstlich wäre, von dem Baum zu essen, dass der Baum eine Augenweide war und dazu verlockte, klug zu werden. Sie nahm von seinen Früchten und aß; sie gab auch ihrem Mann, der bei ihr war, und auch er aß. [7]Da gingen beiden die Augen auf, und sie erkannten, dass sie nackt waren. Sie hefteten Feigenblätter zusammen und machten sich einen Schurz. [8]Als sie Gott, den Herrn, im Garten gegen den Tagwind einherschreiten hörten, versteckten sich Adam und seine Frau vor Gott, dem Herrn, unter den Bäumen des Gartens. [9]Gott, der Herr, rief Adam zu und sprach: Wo bist du? [10]Er antwortete: Ich habe dich im Garten kommen hören; da geriet ich in Furcht, weil ich nackt bin, und versteckte mich. [11]Darauf fragte er: Wer hat dir gesagt, dass du nackt bist? Hast du von dem Baum gegessen, von dem zu essen ich dir verboten habe? [12]Adam antwortete: Die Frau, die du mir beigesellt hast, sie hat mir von dem Baum gegeben, und so habe ich gegessen. [13]Gott, der Herr, sprach zu der Frau: Was hast du da getan? Die Frau antwortete: Die Schlange hat mich verführt, und so habe ich gegessen. [14]Da sprach Gott, der Herr, zur Schlange: Weil du das getan hast, bist du verflucht / unter allem Vieh und allen Tieren des Feldes. / Auf dem Bauch sollst du kriechen / und Staub fressen alle Tage deines Lebens. [15]Feindschaft setze ich zwischen dich und die Frau, / zwischen deinen Nachwuchs und ihren Nachwuchs, / Er trifft dich am Kopf, / und du triffst ihn an der Ferse. [16]Zur Frau sprach er: Viel Mühsal bereite ich dir, sooft du schwanger wirst. / Unter Schmerzen gebierst du Kinder. / Du hast Verlangen nach deinem Mann; / er aber wird über dich herrschen. [17]Zu Adam sprach er: Weil du auf deine Frau gehört und von dem Baum gegessen hast, von dem zu essen ich dir verboten hat-

te: So ist verflucht der Ackerboden deinetwegen. / Unter Mühsal wirst du von ihm essen / alle Tage deines Lebens. [18]Dornen und Disteln lässt er dir wachsen, / und die Pflanzen des Feldes musst du essen. [19]Im Schweiße deines Angesichts / sollst du dein Brot essen, / bis du zurückkehrst zum Ackerboden; / von ihm bist du ja genommen. / Denn Staub bist du, zum Staub musst du zurück. [20]Adam nannte seine Frau Eva (Leben), denn sie wurde die Mutter aller Lebendigen. [21]Gott, der Herr, machte Adam und seine Frau Röcke aus Fellen und bekleidete sie damit. [22]Dann sprach Gott, der Herr: Seht, der Mensch ist geworden wie wir; er erkennt Gut und Böse. Dass er jetzt nicht die Hand ausstreckt, auch vom Baum des Lebens nimmt, davon isst und ewig lebt! [23]Gott, der Herr, schickt ihn aus dem Garten von Eden weg, damit er den Ackerboden bestellte, von dem er genommen war. [24]Er vertrieb den Menschen und stellte östlich des Gartens von Eden die Kerubim auf und das lodernde Flammenschwert, damit sie den Weg zum Baum des Lebens bewachten.

Adolph von Menzel (1815–1905): Der Dornauszieher (nach späthellenistischem Vorbild), Bleistiftzeichnung, o. J.

Hugo van der Goes (um 1440–1482): Der Sündenfall, um 1470,
Öl auf Eichenholz

Matthaeus Merian d. Ä. (1593–1650): Die Vertreibung aus dem Paradies, 1625/1627, Kupferstich

Text

Jesaja, Kapitel 11

Die Ankündigung des messianischen Reiches

11 Doch aus dem Baumstumpf Isais wächst ein Reis hervor, / ein junger Trieb aus seinen Wurzeln bringt Frucht. [2]Der Geist des Herrn lässt sich nieder auf ihm: / der Geist der Weisheit und der Einsicht, der Geist des Rates und der Stärke, / der Geist der Erkenntnis und der Gottesfurcht. [3](Er erfüllt ihn mit dem Geist der Gottesfurcht.) / Er richtet nicht nach dem Augenschein, / und nicht nur nach dem Hörensagen entscheidet er, [4]sondern er richtet die Hilflosen gerecht / und entscheidet für die Armen des Landes, / wie es recht ist. Er schlägt den Gewalttätigen / mit dem Stock seines Wortes und tötet den Schuldigen / mit dem Hauch seines Mundes. [5]Gerechtigkeit ist der Gürtel um seine Hüften, / Treue der Gürtel um seinen Leib. [6]Dann wohnt der Wolf beim Lamm, / der Panther liegt beim Böcklein, Kalb und Löwe weiden zusammen, / ein kleiner Knabe kann sie hüten. [7]Kuh und Bärin freunden sich an, / ihre Jungen liegen beieinander. / Der Löwe frisst Stroh wie das Rind. [8]Der Säugling spielt vor dem Schlupfloch der Natter, / das Kind streckt seine Hand / in die Höhle der Schlange. [9]Man tut nichts Böses mehr / und begeht kein Verbrechen / auf meinem ganzen heiligen Berg: denn das Land ist erfüllt von der Erkenntnis des Herrn, / so wie das Meer mit Wasser gefüllt ist. [10]An jenem Tag wird es der Spross aus der Wurzel Isais sein, / der dasteht als Zeichen für die Nationen; die Völker suchen ihn auf; / sein Wohnsitz ist prächtig. [11]An jenem Tag wird der Herr seine Hand von neuem erheben, / um den übriggebliebenen Rest seines Volkes zurückzugewinnen.

Edward Hicks (1780–1849): Das Königreich des Friedens, um 1848, Öl auf Leinwand

2 „Er blieb sich ein Rätsel ...“ – biografische Aspekte einbeziehen

Text

Mathieu Carrière: Ein schwieriger Fall

Die Grazie ist eine seltsame Kraft, und Kleist ist von ihr besessen. Er selbst stottert, irrt durch die preußischen Salons, wird knallrot beim flüchtigsten Blick, der auf ihn fällt; er ist klein, hässlich und ungeschickt. Er durchquert Europa auf dem Rücken von Pferden, die er kaum selbst zu satteln vermag. Ob er in Berlin, Frankfurt oder Potsdam ankommt, überall ist er von Frauen umgeben. Der atemlose Reiter rührt die Damen der Aristokratie, sie sind betroffen von seiner intensiven Ungeschicklichkeit, begeistert, wenn er sie Deutsch lehrt oder in Naturwissenschaften unterrichtet, wie es zur Zeit gerade Mode ist; aber wenn sein Vortrag zu Ende geht, dann fehlt ihm allemal das „mot juste“, das rechte Wort am rechten Platze: entweder bleibt er neben einer jungen Dame sitzen, stundenlang in einem Loch exzessiven Mutismus versunken, oder aber er stürzt sich über ihre kleinen Hände und fleht sie an, sich mit ihm zu töten.

Text

Curt Hohoff: Kleists Aufsatz „Über das Marionettentheater“

Es ist wahr und die Zeugnisse belegen, dass keiner der Freunde und Bekannten Kleists wusste, wer er war. Das mag traurig sein und trug dazu bei, dass er sein Leben zum Schluss das allerqualvollste, das ein Mensch geführt habe, nannte. Aber es scheint nicht minder wahr zu sein, dass auch er selbst sich nie richtig kennengelernt hat, er blieb sich ein Rätsel. Und doch muss er in seinem letzten Jahr zu Erkenntnissen und Entdeckungen gekommen sein, so großartig fremder und zugleich beglückender Natur, dass auch er sich und seinem Verhängnis auf die Spur hätte kommen sollen. Andeutungen davon finden sich im „Michael Kohlhaas“, in der „Hermannsschlacht“ und im „Prinzen von Homburg“. Wenn man die durch den Stil und die sprechenden Personen jeweils bestimmten Äußerungen skelettieren könnte, so würde man den geheimnisvollen Punkt sehen, an dem sie zusammenfallen und aus dem sie genährt worden sind.

Diskursiv, erzählend, ist es ihm ein einziges Mal – und zwar in diesen Monaten – gelungen, das Rätsel des Seins so weit begreiflich zu machen, dass den Betrachter die Hellsicht erschreckt. Es sind die Einsichtes eines Reiters über den Bodensee: für einen Augenblick fällt die gnädige Hülle, welche die Wahrheit verborgen hat, und schon stürzt man, von Überfülle des Lichts geblendet, zu Boden. Im Aufsatz „Über das Marionettentheater“ hat Kleist diesen Punkt erreicht.

Das zentrale Motiv seiner Dichtung wird im Symbol der Marionette erfasst. Das Missverhältnis von Traumwahrheit und Welttrug, von heiligem Ichgefühl und schnödem Fremdsein dieses Ichs in der Welt wird als Problem seines Lebens klar. Kleists Kämpfe bestanden zum großen Teil in Versuchen, über sich selbst Klarheit zu gewinnen. Jetzt ist die Stufe erreicht. Die heillose Verdunklung der „Penthesilea“ enthüllt sich als Stufe auf dem Wege, auch Käthchens Glaubensgewissheit ist eine Stufe – während erst der späte Kohlhaas und dann der Prinz von Homburg beides lehren: Verdunklung bis an den Rand des Grabes, und dann aus dem Erlebnis des Todes eine Helligkeit, die Kleists eigenes Erleben war. So ist sein eigner Tod überschwänglich von ihm gefeiert worden als entscheidender Schritt zur Kenntnis und zum Wissen.

Im Aufsatz „Über das Marionettentheater“ sind die Stadien dieses modernen Leidensweges beschrieben als Stadien des Bewusstseins. Zuerst die natürliche, naive Anmut der durch Drähte bewegten Puppe, welche ein Schwergewicht außer ihrer selbst hat, von hier geht die Betrachtung über die „Störungen“ des Bewusstseins durch Überlegung (der Dornauszieher) weiter zum hellen „Bewusstsein“ des fechtenden Bären, und sie münden schließlich im Hinweis auf die Überwindung des Sündenfalls im Paradies. Vieles erinnert an romantische Psychologie und ihre mythologische Metaphysik, noch mehr an christliche Rechtfertigungslehre und Gnade; zweifellos haben solche Zusammenhänge Kleist geholfen, sein „System“ zu artikulieren – aber zugrunde liegt schließlich kein romantisches und kein christliches Muster, sondern eine gnostische Selbsterlösungslehre.

Aufgabe

1. Arbeiten Sie die Zusammenhänge von Kleists „Über das Marionettentheater“ mit seinem Leben und seinen Werken heraus.

3 „Befreit von der Schwere des Leibes …“ – kunsttheoretische Texte vergleichen

Text

Friedrich Schiller: Der Tanz

Siehe, wie schwebenden Schritts im Wellenschwung sich die Paare
Drehen, den Boden berührt kaum der geflügelte Fuß.

Seh ich flüchtige Schatten, befreit von der Schwere des Leibes?
Schlingen im Mondlicht dort Elfen den luftigen Reihn?

Wie, vom Zephir gewiegt, der leichte Rauch in die Luft fließt,
Wie sich leise der Kahn schaukelt auf silberner Flut,

Hüpft der gelehrige Fuß auf des Takts melodischer Woge,
Säuselndes Saitengetön hebt den ätherischen Leib.

Jetzt, als wollt es mit Macht durchreißen die Kette des Tanzes,
Schwingt sich ein mutiges Paar dort in den dichtesten Reihn.

Schnell vor ihm her entsteht ihm die Bahn, die hinter ihm schwindet,
Wie durch magische Hand öffnet und schließt sich der Weg.

Sieh! jetzt schwand es dem Blick, in wildem Gewirr durcheinander
Stürzt der zierliche Bau dieser beweglichen Welt.

Nein, dort schwebt es frohlockend herauf, der Knoten entwirrt sich,
Nur mit verändertem Reiz stellet die Regel sich her.

Ewig zerstört, es erzeugt sich ewig die drehende Schöpfung,
Und ein stilles Gesetz lenkt der Verwandlungen Spiel.

Sprich, wie geschiehts, dass rastlos erneut die Bildungen schwanken
Und die Ruhe besteht in der bewegten Gestalt?

Jeder ein Herrscher, frei, nur dem eigenen Herzen gehorchet
Und im eilenden Lauf findet die einzige Bahn?

Willst du es wissen? Es ist des Wohllauts mächtige Gottheit,
Die zum geselligen Tanz ordnet den tobenden Sprung,

Die, der Nemesis gleich, an des Rhythmus goldenem Zügel
Lenkt die brausende Lust und die verwilderte zähmt.

Und dir rauschen umsonst die Harmonien des Weltalls,
Dich ergreift nicht der Strom dieses erhabnen Gesangs,

Nicht der begeisternde Takt, den alle Wesen dir schlagen,
Nicht der wirbelnde Tanz, der durch den ewigen Raum

Leuchtende Sonnen schwingt in kühn gewundenen Bahnen?
Das du im Spiele doch ehrst, fliehst du im Handeln, das Maß.

Text

Friedrich Schiller: Über Anmut und Würde

Eine schöne Seele nennt man es, wenn sich das sittliche Gefühl aller Empfindungen des Menschen endlich bis zu dem Grad versichert hat, dass es dem Affekt die Leitung des Willens ohne Scheu überlassen darf und nie Gefahr läuft, mit den Entscheidungen desselben im Widerspruch zu stehen. Daher sind bei einer schönen Seele die einzelnen Handlungen eigentlich nicht sittlich, sondern der ganze Charakter ist es. Man kann ihr auch keine einzige darunter zum Verdienst anrechnen, weil eine Befriedigung des Triebes nie verdienstlich heißen kann. Die schöne Seele hat kein andres Verdienst, als dass sie ist. Mit einer Leichtigkeit, als wenn bloß der Instinkt aus ihr handelte, übt sie der Menschheit peinlichste Pflichten aus, und das heldenmütigste Opfer, das sie dem Naturtriebe abgewinnt, fällt wie eine freiwillige Wirkung eben dieses Triebes in die Augen. Daher weiß sie selbst auch niemals um die Schönheit ihres Handelns, und es fällt ihr nicht mehr ein, dass man anders handeln und empfinden könnte; dagegen ein schulgerechter Zögling der Sittenregel, so wie das Wort des Meisters ihn fodert, jeden Augenblick bereit sein wird, vom Verhältnis seiner Handlungen zum Gesetz die strengste Rechnung abzulegen. Das Leben des Letztern wird einer Zeichnung gleichen, worin man die Regel durch harte Striche angedeutet sieht, und an der allenfalls ein Lehrling die Prinzipien der Kunst lernen könnte. Aber in einem schönen Leben sind, wie in einem Tizianischen Gemälde, alle jene schneidenden Grenzlinien verschwunden, und doch tritt die ganze Gestalt nur desto wahrer, lebendiger, harmonischer hervor.

In einer schönen Seele ist es also, wo Sinnlichkeit und Vernunft, Pflicht und Neigung harmonieren, und Grazie ist ihr Ausdruck in der Erscheinung. Nur im Dienst einer schönen Seele kann die Natur zugleich Freiheit besitzen und ihre Form bewahren, da sie erstere unter der Herrschaft eines strengen Gemüts, letztere unter der Anarchie der Sinnlichkeit einbüßt. Eine schöne Seele gießt auch über eine Bildung, der es an architektonischer Schönheit mangelt, eine unwiderstehliche Grazie aus, und oft sieht man sie selbst über Gebrechen der Natur triumphieren. Alle Bewegungen, die von ihr ausgehen, werden leicht, sanft und dennoch belebt sein. Heiter und frei wird das Auge strahlen, und Empfindung wird in demselben glänzen. Von der Sanftmut des Herzens wird der Mund eine Grazie erhalten, die keine Verstellung erkünsteln kann. Keine Spannung wird in den Mienen, kein Zwang in den willkürlichen Bewegungen zu bemerken sein, denn die Seele weiß von keinem. Musik wird die Stimme sein und mit dem reinen Strom ihrer Modulationen das Herz bewegen. Die architektonische Schönheit kann Wohlgefallen, kann Bewegung, kann Erstaunen erregen, aber nur die Anmut wird hinreißen. Die Schönheit hat *Anbeter*; *Liebhaber* hat nur die Grazie.

Aufgabe

1. Vergleichen Sie die Auffassungen von Grazie in „Über das Marionettentheater“ und den beiden Schiller-Texten.

Kompetenzen

Was Sie wissen müssen:

- Kleists Kunst- und Geschichtsauffassung (Verhältnis von Reflexion und Tun, dreistufiges Entwicklungsmodell der Menschheitsgeschichte
- Thema und zentrale Aussagen der Schrift „Über das Marionettentheater“

Was Sie können müssen:

- einen poetisch-poetologischen Text mit Hilfe von Kontextmaterialien erschließen
- Kleists Kunstauffassung mit anderen kunsttheoretischen Texten vergleichen können
- Kleists Kunstauffassung in einen Zusammenhang mit seinem Leben und seinem Wirken bringen

Zeittafel zu Leben und Werk

1777	18. Oktober. Bernd Heinrich Wilhelm von Kleist als ältester Sohn des Kompaniechefs Joachim Friedrich von Kleist und seiner zweiten Frau Juliane Ulrike, geb. von Pannwitz, in Frankfurt a.d. Oder geboren. Erster Unterricht bei dem Hauslehrer Christian Ernst Martini, später Erziehung bei dem Prediger S. H. Catel in Berlin.
1792	Eintritt in das Garderegiment Potsdam als Gefreiter-Korporal.
1793–1795	Teilnahme am Rheinfeldzug.
1797	Beförderung zum Sekondeleutnant.
1799	Kleist erbittet und erhält den Abschied; der König stellt ihm eine spätere Anstellung im Zivildienst in Aussicht. Nach bestandener Reifeprüfung im April immatrikuliert sich Kleist an der Universität Frankfurt a.d. Oder und studiert Physik, Mathematik, Kulturgeschichte, Naturrecht und Latein.
1800	Verlobung mit Wilhelmine von Zenge.
1801	März: die sogenannte Kant-Krise. Ungewissheit über berufliche Pläne. Verschiedene Reisen u.a. nach Dresden, Paris und in die Schweiz, Aufenthalt in Bern und Thun. Umgang mit Heinrich Zschokke, Heinrich Geßner, Ludwig Wieland.
1802	Anregung zum „Zerbrochnen Krug“ durch den Kupferstich von Le Veau. Kleist soll den Stoff als Lustspiel, Zschokke als Erzählung, Ludwig Wieland als Satire behandeln. – Kleist wohnt auf einer Aare-Insel bei Thun. Arbeit an „Familie Ghonorez“ (als „Familie Schroffenstein“ 1803 erschienen). Anfänge des Dramas „Robert Guiskard“. Bruch mit Wilhelmine.
1803	„Familie Schroffenstein“ anonym erschienen. Reisen: Leipzig, Dresden, Paris. Vernichtung des „Guiskard“-Manuskripts. Selbstmordpläne. Versuch, französische Kriegsdienste zu nehmen. Körperlicher und seelischer Zusammenbruch,.
1804	Aufführung der „Familie Schroffenstein“ in Graz. Bewerbung um Anstellung im preußischen Zivildienst.
1805	Seit dem 1. Mai Arbeit als Diätar (Angestellter, der Tagegelder erhält) an der Königlich-Preußischen Kriegs- und Domänenkammer in Königsberg. Hört nebenbei finanz- und staatswissenschaftliche Vorlesungen. „Der zerbrochne Krug“ vorläufig fertiggestellt.
1806	Fortdauernde Unpässlichkeiten, sechsmonatiger Urlaub, Aufgabe der Beamtenlaufbahn. 14. Oktober: Napoleons Sieg bei Jena, Preußens Zusammenbruch.
1807	Auf der Reise nach Dresden Verhaftung als angeblicher Spion. Februar bis Juli in französischer Gefangenschaft. Das Lustspiel „Amphitryon“ erscheint. Übersiedlung nach Dresden, dort dichterische Erfolge bei Vorlesungen seiner Werke. Das Drama „Penthesilea“ abgeschlossen. Pläne zur Gründung einer Buchhandlung mit Verlag.
1808	Ende Januar erstes Heft der Zeitschrift „Phöbus“ (zusammen mit Adam Müller) 2. März: Misslungene Uraufführung des „Zerbrochnen Krugs“ in Weimar durch Goethe. – Fertigstellung der „Hermannsschlacht“.
1809	Kleist verlässt den Rheinbundstaat Sachsen und begibt sich an verschiedene Orte auf österreichisches Gebiet, zuletzt nach Prag. Von verschiedenen Quellen tot gemeldet. Politische Lyrik.
1810	Kleist nimmt im Februar eine Wohnung in Berlin. Das „Käthchen von Heilbronn“: Buchausgabe und Uraufführung in Wien. Erscheinen des ersten Bandes Erzählungen („Michael Kohlhaas“, „Die Marquise von O...“, „Das Erdbeben in Chili“), im Oktober die erste Nummer der „Berliner Abendblätter“.
1811	Buchausgabe des „Zerbrochnen Krugs“ in überarbeiteter Fassung mit gekürztem Schluss. Zweiter Band der Erzählungen („Die Verlobung in St. Domingo“, „Das Bettelweib von Locarno“, „Der Findling“, „Die heilige Cäcilie“, „Der Zweikampf“). Fertigstellung des Schauspiels „Prinz Friedrich von Homburg“. Versuche, eine Anstellung als Redakteur zu finden oder wieder in den preußischen Zivildienst übernommen zu werden.
	21. November: Selbstmord am Wannsee bei Berlin zusammen mit Henriette Vogel.

Online-Link
· Literaturhinweise
347494-0079

Textquellen:

S. 7: Tief hinab, aus: Die Zeit, 8. April 2009-08-07
S. 8–13: Heinrich von Kleist: Das Erdbeben in Chili, aus: Heinrich von Kleist, Werke und Briefe in vier Bänden, hrsg. von Siegfried Streller, in Zusammenarbeit mit Peter Goldammer und Wolfgang Barthel, Anita Golz, Rudolf Loch, Berlin: Aufbau Verlag 1995, Bd. 2
S. 19 (oben): Definition Novelle, aus: Der Brockhaus Literatur – Schriftsteller, Werke, Epochen, Sachbegriffe, 3. Aufl. Mannheim/ Leipzig: Brockhaus Verlag 2007, S. 604
S. 19 (oben): Definition Erzählung, aus: Gero von Wilpert: Sachwörterbuch der Literatur. 8., verb. u. erw. Aufl. Stuttgart: Alfred Kröner Verlag 2001, S. 239
S. 19 f.: Definition Novelle/Erzählung, aus: Metzler Literaturlexikon, Begriffe und Definitionen, hrsg. von Günther und Irmgard Schweikle, Stuttgart: J.B. Metzlersche Verlagsbuchhandlung 1990
S. 20 f.: Klaus Müller-Salget über Kleists „Erdbeben in Chili", aus: Klaus Müller-Salget: Das Prinzip der Doppeldeutigkeit in Kleists Erzählungen (1973), In: Walter Müller-Seidel (Hrsg.): Kleists Aktualität: neue Aufsätze und Essays. Darmstadt 1981 (= Wege der Forschung; Bd. 586), S. 174–178.
S. 22: Alfred Owen Aldridge: Das Erdbeben in Santiago de Chile 1647, aus: Alfred Owen Aldridge: The Background of Kleist's Das Erdbeben in Chili. In: arcadia. Zeitschrift für vergleichende Literaturwissenschaft 3 (1968), S. 175–177. Übersetzer: Dirk Grathoff
S. 23: Bernhard Greiner: Das Erdbeben in Lissabon, aus: Bernhard Greiner: Kleists Dramen und Erzählungen: Experimente zum ‚Fall' der Kunst. Tübingen/Basel: Francke Verlag 2000
S. 25: Johann Wolfgang von Goethe: Das Erdbeben von Lissabon, aus: Johann Wolfgang von Goethe, Dichtung und Wahrheit, in: Goethe, Werke, Hamburger Ausgabe, Bd. 9, München: C. H. Beck Verlag
S. 26: Johann Wilhelm Ludwig Gleim: Das Erdbeben von Lissabon, aus: Ernst Rohmer/Theodor Verweyen (Hrsg.): Dichter und Bürger in der Provinz, Tübingen: Niemeyer Verlag 1998, S. 124
S. 27 f.: François-Marie Voltaire: Candide, aus: François-Marie Voltaire, Candide oder Die beste der Welten, Stuttgart: Reclam Verlag 1971, Übersetzer: Ernst Sander
S. 28: Immanuel Kant: Das Erdbeben von Lissabon, aus: Immanuel Kant, Gesammelte Schriften, Akademie-Ausgabe, Abt. 1, Bd. 1, Berlin: Reimer Verlag, S. 434
S. 29: Johann Peter Hebel: Unverhofftes Wiedersehen, aus: Johann Peter Hebel, Schatzkästlein des Rheinischen Hausfreundes, München: Winkler Verlag 1972
S. 31: Definition Novelle, aus: Metzler Literaturlexikon, Begriffe und Definitionen, hrsg. von Günther und Irmgard Schweikle, Stuttgart: J.B. Metzlersche Verlagsbuchhandlung 1990
S. 33: Theodor Fontane: Wie wir in die Schule gingen, aus: Theodor Fontane, Meine Kinderjahre, in: Werke, hrsg. von Helmut Nürnberger, München: Hanser Verlag 1972
S. 34–38: Kleist-Anekdoten, aus: Heinrich von Kleist, Werke und Briefe in vier Bänden, hrsg. von Siegfried Streller, in Zusammenarbeit mit Peter Goldammer und Wolfgang Barthel, Anita Golz, Rudolf Loch, Berlin: Aufbau Verlag 1995, Bd. 3
S. 38: Johann Peter Hebel, Schlechter Lohn, aus: Johann Peter Hebel, Schatzkästlein des Rheinischen Hausfreundes, München: Winkler Verlag 1972
S. 39 f. Definition Anekdote, aus: Metzler Literaturlexikon, Begriffe und Definitionen, hrsg. von Günther und Irmgard Schweikle, J. B. Metzlersche Verlagsbuchhandlung: Stuttgart 1990
S. 40: Kleist-Brief, aus: Heinrich von Kleist, Werke und Briefe in vier Bänden, hrsg. von Siegfried Streller, in Zusammenarbeit mit Peter Goldammer und Wolfgang Barthel, Anita Golz, Rudolf Loch, Berlin: Aufbau Verlag 1995, Bd. 4
S. 40: Heinrich von Kleist, Vorrede zur „Germania", aus: Heinrich von Kleist, Werke und Briefe in vier Bänden, hrsg. von Siegfried Streller, in Zusammenarbeit mit Peter Goldammer und Wolfgang Barthel, Anita Golz, Rudolf Loch, Berlin: Aufbau Verlag 1995, Bd. 3
S. 41 ff.: Heinrich von Kleist: Katechismus eines Deutschen, aus: Heinrich von Kleist, Werke und Briefe in vier Bänden, hrsg. von Siegfried Streller, in Zusammenarbeit mit Peter Goldammer und Wolfgang Barthel, Anita Golz, Rudolf Loch, Berlin: Aufbau Verlag 1995, Bd. 3
S. 45–60: Kleist-Briefe, aus: Heinrich von Kleist, Werke und Briefe in vier Bänden, hrsg. von Siegfried Streller, in Zusammenarbeit mit Peter Goldammer und Wolfgang Barthel, Anita Golz, Rudolf Loch, Berlin: Aufbau Verlag 1995, Bd. 4
S. 57: Heinrich Zschokke: Dichterwettstreit, aus: Helmut Sembdner (Hrsg.), Heinrich von Kleists Lebensspuren. Dokumente und Briefe der Zeitgenossen, München: Carl Hanser Verlag 1996, Nr. 67 a
S. 61 ff.: Rüdiger Safranksi: Kleist, aus: Rüdiger Safranski, Wie viel Wahrheit braucht der Mensch? Über das Denkbare und das Lebbare, Frankfurt a. M.: Fischer Taschenbuch Verlag 1993. Copyright Carl Hanser Verlag München 1990
S. 63 ff.: Gerhard Schulz: Ein schwieriger Mensch, aus: Gerhard Schulz, Kleist. Eine Biographie, München: C.H. Beck Verlag 2007
S. 67: Heinrich von Kleist: Französisches Exerzitium, aus: Heinrich von Kleist, Werke und Briefe in vier Bänden, hrsg. von Siegfried Streller, in Zusammenarbeit mit Peter Goldammer und Wolfgang Barthel, Anita Golz, Rudolf Loch, Berlin: Aufbau Verlag 1995, Bd. 3
S. 67: Heinrich von Kleist: Von der Überlegung, aus: Heinrich von Kleist, Werke und Briefe in vier Bänden, hrsg. von Siegfried Streller, in Zusammenarbeit mit Peter Goldammer und Wolfgang Barthel, Anita Golz, Rudolf Loch, Berlin: Aufbau Verlag 1995, Bd. 3
S. 68 ff.: Heinrich von Kleist: Über das Marionettentheater, aus: Heinrich von Kleist, Werke und Briefe in vier Bänden, hrsg. von Siegfried Streller, in Zusammenarbeit mit Peter Goldammer und Wolfgang Barthel, Anita Golz, Rudolf Loch, Berlin: Aufbau Verlag 1995, Bd. 3
S. 72 f.: Genesis, 3, aus: Hausbibel, Einheitsübersetzung des Alten und Neuen Testaments, Stuttgart: Katholische Bibelanstalt GmbH, 1980
S. 75 f.: Jesaja 11, aus: Hausbibel, Einheitsübersetzung des Alten und Neuen Testaments, Stuttgart: Katholische Bibelanstalt GmbH, 1980
S. 76: Mathieu Carrière: Ein schwieriger Fall, aus: Mathieu Carrière, Für eine Literatur des Krieges, Kleist, Frankfurt a. M.: Stroemfeld/ Roter Stern 1981, S. 16 f.
S. 76: Curt Hohoff: Kleists Aufsatz, aus: Curt Hohoff, Heinrich von Kleist, Hamburg: Rowohlt Taschenbuch Verlag 1958
S. 77: Friedrich Schiller: Der Tanz, aus: Friedrich Schiller, Werke in fünf Bänden, Band 1, Frankfurt a. M.: Insel Verlag 1966
S. 78: Friedrich Schiller: Über Anmut und Würde, aus: Friedrich Schiller, Werke in fünf Bänden, Band 4, Frankfurt a. M.: Insel Verlag 1966